LECTIONES DE HISTORIA ROMANA

A ROMAN HISTORY FOR EARLY LATIN STUDY

by Rose Williams

LECTIONES DE HISTORIA ROMANA

by Rose Williams

General editor: Professor John Traupman

Published by:
WPC Classics
P.O.Box 9779
London SW19 7QA
United Kingdom

E-mail: sales@wpcpress.com
Fax: (+44) 20 8944 0825

ISBN: 1898855 41 2

Produced in UK
Printed in Hungary

WPC Classics is an imprint of the Wimbledon Publishing Company
P.O. Box 9779, London SW19 7QA

LECTIONES DE HISTORIA ROMANA

Table of Contents

HAEC EST EUROPA

Haec est Italia. Italia est in Europa.
Quid est? Italia est.
Ubi est? Est in Europa
Haec est Roma. Roma est in Italia. Italia est in Europa.
Quid est? Roma est.
Ubi est? In Italia est.
Ubi est Italia? In Europa.
Estne Roma in Europa? Est.
Haec est Britannia. Britannia est in Europa. Britannia est insula.
Quid est Britannia? Insula est.
Ubi est Britannia? In Europa est.
Estne Roma in Britannia? Non est.
Ubi est Roma? In Italia est.
Haec est Hispania. Hispania est in Europa. Hispania non est insula;
Hispania est paeninsula.
Ubi est Hispania?

Estne Hispania insula?
Quid est Hispania?
Haec est Gallia. Gallia est in Europa. Non est insula. Non est paeninsula. Gallia est terra.
Ubi est Gallia?
Quae terra est?
Haec est Germania. Germania est terra in Europa.
Estne Germania terra?
Ubi est Germania?
Estne Roma in Germania?
Hae sunt Sicilia et Corsica. Insulae in Europa sunt.
Quae sunt Sicilia et Corsica? Insulae sunt.
Ubi sunt Sicilia et Corsica? In Europa sunt.

What must be the meaning of "est"? Of "sunt"? Of "terra"? Of "paeninsula?"

VOCABULARY FOR READING I

hic, haec, hoc this

insula, insulae *f* island

-ne (on first word) shows a question

quis, quid who or what

quae who, what, which

ubi where

TERRAE IN EUROPA

Motto: Experientia docet

A major difference between English and Latin is that an English sentence takes its meaningful relationships from the order in which the words come, and a Latin sentence takes its meaningful relationships from the endings on the individual words.
Example: Paulus Mariam amat = Paul loves Mary. Mariam Paulus amat = Paul loves Mary. Paulum Maria amat = Mary loves Paul.
What letter on the end of the above nouns shows a receiver of the action?
A dictionary is now needed; the words in the early lessons are carefully chosen to be easy to find in a standard Latin dictionary.
Grammar needed:
Third person endings "t" and "nt"
First declension endings

Italia est terra in Europa. Britannia est terra in Europa. Britannia est insula, sed Italia est paeninsula. Quamquam Britannia et Italia sunt terrae parvae, sunt pulchrae.
Sunt silvae et aquae pulchrae in Italia et in Britannia. Natura Italiae et Britanniae est bona.
Agricolae in Italia et in Britannia vitas bonas agunt. Incolae vitam bonam in Italia et in Britannia laudant. Fortuna incolarum bona est in terris Europae. In multis linguis poetae Europam pulchram cantant.

Quaestiones:

1. *Ubi sunt Britannia et Italia?*
2. *Suntne Britannia et Italia magnae?*
3. *Estne natura bona in Britannia et Italia?*
4. *Are these lands well-liked by inhabitants?*
5. *What do the poets praise?*

VOCABULARY FOR READING II

agricola, agricolae *m* farmer

aqua, aquae *f* water

canto, cantare, cantavi, cantatum to sing

incola, incolae *mf* inhabitant

insula, insulae *f* island

lingua, linguae *f* tongue, language

natura, naturae *f* nature, substance

paeninsula, paeninsulae *f* peninsula

poeta, poetae *m* poet

quamquam *conj* although

saepe *adv* often

silva, silvae *f* forest, woods

vita, vitae *f* life

PATRIAE

Motto: Pro bono publico

New Grammar needed:
Second Declension noun endings
Present tense of sum
Present tense verb endings

Patria mea America (Britannia) est. Patria tua America (Britannia) est. Patria dat incolis vitam bonam. Amamus et laudamus patriam. Spectasne silvas et agros patriae tuae? Viri patrias suas laudant. Nonnumquam patrias alias quoque laudant. Navigo ad terras Europae saepe. Tune ad terras Europae navigas? Ego terras Europae amo, sed plus Americam (Britanniam) amo. America (Britannia) est patria mea. Familia mea et amici mei in America (Britannia) habitant. Saepe in patria sol et caelum incolas delectant. Flores et arbores et herbae magnopere pulchrae sunt in oculis incolarum.
Viri avari patrias alias oppugnant. Fortasse patrias suas amant, sed etiam agros et pecuniam finitimorum amant. Terras occupant, et incolae dolent. Bellum incolis nocet et multos necat. Poetae et viri intelligentes amicitiam terrarum laudant. Amicitia terrarum incolas iuvat.

Quaestiones:

1. *Quae sunt pulchrae?*
2. *Qui patrias oppugnant?*
3. *Qui amicitiam terrarum laudant?*
4. *What country does each person usually love best?*
5. *What is the best state of affairs between nations?*

VOCABULARY FOR READING III

amicitia, amicitiae *f* friendship

amicus, amici *m* friend

amo, amare, amavi, amatum to love

avarus, avara, avarum greedy

familia, familiae *f* family, household *(including slaves)*

finitimus, finitimi *m* neighbor

laudo, laudare, laudavi, laudatum to praise

meus, mea, meum my

navigo, navigare, navigavi, navigatum to sail

neco, necare, necavi, necatum to kill

noceo, nocere, nocui, nocitum (+ *dat*) to do harm to, injure

nonnumquam *adv* sometimes; *(lit)* not never

occupo, occupare, occupavi, occupatum to seize, occupy

patria, patriae *f* native country, fatherland

plus *adv* more

tuus, tua, tuum your

PATRIA ROMA

Illustration—map of seven hills and Tiber

Motto: Culpa mea est

New Grammar needed:
Imperfect tense endings
Imperfect tense of sum

In historia terrarum, multi patriam amabant. Patriae magnae erant quod viri et feminae multa patriae dabant. Romani antiqui Romam amabant, et pro patria laborabant. Primo Roma parva erat. Discipuli historiae Romulum primum Romanum vocant. Ex fabulis Aeneas Troianus in Italiam navigabat et oppidum novum aedificabat. Ascanius, filius Aeneae, Albam Longam aedificabat. In oppido Alba Longa Rex Numitor et Amulius frater habitabant. Amulius Numitorem regno spoliavit et Rheam Silviam, filiam Numitoris, Virginem Vestalem creavit. Romulum et Remum, filios Rheae Silviae et dei Martis, in rivum patruus malus iaciebat. Lupa appropinquabat et pueros in rivo videbat. Lupa pueros a ripa rivi ad speluncam portabat. Spelunca erat in Monte Palatino, uno ex septem montibus prope rivum Tiberim. Pastor Faustulus pueros ex spelunca ad casam portabat. Viri Romulus et Remus in Monte Palatino oppidum aedificabant. Ibi Romulus muros quadratos aedificabat, sed Remus muros ridebat. Romulus Remum necabat et postea viri numquam Romulum ridebant si Romulus audiebat. Oppidum parvum "Romam Quadratam" Romulus vocabat. Primus rex Romae erat.

Quaestiones:

1. *Pro qua Romani antiqui laborabant?*
2. *Quis erat primus Romanus?*
3. *Quis pueros a ripa portavit?*
4. *Who reared the twins Romulus and Remus?*
5. *What did they build and where?*

VOCABULARY FOR READING IV

casa, casae *f* house, cottage

creo, creare, creavi, creatum to appoint, elect

decem ten

discipulus, discipuli *m* student

duo, duae, duo two

ex *prep* (+ *abl*) from, according to

historia, historiae *f* history, story, account

lupa, lupae *f* wolf

novem nine

octo eight

oppidum, oppidi *n* town, city

patruus, patrui *m* paternal uncle

quadratus, quadrata, quadratum square

quattuor four

quinque five

rivus, rivi *m* stream, river

septem seven

sex six

spelunca, speluncae *f* cave

spolio spoliare, spoliavi, spoliatum to rob, plunder

tres, tria three

unus, una, unum one

REGNUM ROMANUM

Motto: Persona non grata

New Grammar needed:
Third declension endings

Ex fabulis, Romulus Romam in Monte Palatino aedificabat et primus rex erat. Centum senes suasores legebat; ob reverentiam "senatores" aut "patres" vocabat. Populum in triginta curias distribuebat. Post Romulum erant sex reges. Rex secundus, Numa Pompilius, erat rex bonus. Leges et religionem populo dabat. Rex tertius, Tullus Hostilius, vir belli erat et hostes Romae superabat. Rex quartus, Ancus Marcius, vir iustus et validus erat. Tutorem liberorum Tarqinium Priscum ex Etruria nominabat. Post Anci mortem Tarquinius regnum ex Anci filiis captabat. Tanaquil, regina Tarquinii, femina perita augurii, flammam circum caput pueri Servii Tullii, signum magnae dignitatis, videbat. Tarquinius Servium cum regis liberis educabat. Tarquinius filiam superbam in matrimonium Servio Tullio dabat. Tarquinia irata flebat; Servium neque cum flamma neque sine flamma amabat. Quamquam Servius Tullius erat Romanus nobilis, servus tamen erat in regia Tarquinii regis. Post Tarquinii mortem Tanaquil Servium populo regem introducebat. Servius bene administrabat. Tres ex septem montibus ad urbem addebat. Tullia, filia Servii Tullii et Tarquiniae, cum Tarquinio Superbo regem necabat. Tarquinius Superbus erat ultimus rex Romae.

Quaestiones:

1. *Quid Numa Pompilius Romae dabat?*
2. *Quis erat rex post mortem Anci?*
3. *Quis erat irata?*
4. *Why was Servius Tullius honored by the Tarquin family?*
5. *Who was the last king of Rome?*

VOCABULARY FOR READING V

(Note: From this point the first conjugation verbs whose principal part endings are **o, are, avi, atum** will be marked 1)

administro 1 to administer, direct

augurium, augurii (i) *n* augury *(observation of signs and omens)*

capto 1 take unfairly, capture

centum one hundred

curia, curiae *f* ward; *(one of the thirty groups into which Romulus divided the Romans)*

dignitas, dignitatis *f* distinction, worth

educo 1 to bring up, rear, raise

flamma, flammae *f* flame

nobilis, nobilis, nobile aristocratic, of high birth, known, remarkable,

octavus, octava, octavum eighth

peritus, perita, peritum (+ *gen*) skilled in, expert at

primus, prima, primum first

quartus, quarta, quartum fourth

quintus, quinta, quintum fifth

secundus, secunda, secundum second

septimus, septima, septimum seventh

sextus, sexta, sextum sixth

suasor, suasoris *m* adviser

tertius, tertia, tertium third

triginta thirty

tutor, tutoris *m* guardian

ultimus, ultima, ultimum the last

RES PUBLICA INCIPIT

Motto: Senatus Populusque Romanus

New Grammar needed:
Fourth and Fifth Declensions

Tarquinius Superbus erat rex crudelis et saevus. Neque viros neque deos timebat. Multos Romanos necabat aut ex Roma pellebat. Romanus nobilis, Lucius Iunius Brutus, insanitatem simulabat; itaque rex eum non necabat et ille in urbe manebat. Tarquinius Superbus contra finitimos bellum gerebat. Filius regis, Sextus Tarquinius, ex castris exercitus discedebat et in Lucretiam, nobilem feminam et uxorem Tarquinii Collatini, vim faciebat. Brutus populum in Tarquinios incitabat. Lucretia vitam voluntaria morte finiebat. Romani ex urbe Tarquinios pellebant.
Post expulsionem regis, senatus et curiae populi Romani rem publicam duobus consulibus pro uno rege mandabant, quod unicum ducem non cupiebant. Tarquinius Superbus erat bona causa cur Romani non unicum ducem amabant. Primo anno Lucius Iunius Brutus et Tarquinius Collatinus, maritus Lucretiae, erant consules. Brutus in bello cadebat et Romani Tarquinium ex Roma pellebant quod in Tarquinii familia erat. Spurius Lucretius, pater Lucretiae, lectus est sed morbo cadebat; itaque primo anno res publica quinque consules habebat.

Quaestiones:

1. *Quis insanitatem simulabat?*
2. *Quos Romani pellebant?*
3. *Quid Lucretia finiebat?*
4. *Why did the Romans elect two consuls to rule?*
5. *What happened to Tarquin Collatinus?*

VOCABULARY FOR READING VI

exercitus, exercitus *m* army

expulsio, expulsionis *f* expulsion

incito 1 to arouse, stir up

insanitas, insanitatis *f* insanity

itaque *adv* therefore

mando 1 to commit, entrust

maritus, mariti *m* husband

morbus, morbi *m* disease

res publica, rei publicae *f* republic, government

simulo 1 to imitate, put on the appearance of

unicus, unica, unicum sole, singular, one and only

vis (*dat & abl*: **vi**; acc: **vim**) *f* force, violence

voluntarius, voluntaria, voluntarium of one's own choosing, voluntary

QUATTUOR LIBERI NOTI ROMAE

Motto: *Avarus ipse miseriae causa est suae*

New Grammar needed:
Present Infinitives

Temporibus Romuli in urbe Roma feminae non erant. Romulus et iuvenes Romani filias Sabinorum uxores cupiebant. Frustra Sabinos filias rogabant. Sabini inimice respondebant. Postea Romani, autem, Sabinos cum familiis ad ludos invitabant. Sabini ludos in campo spectabant, et Romulus militesque Romae filias pulchras Sabinorum ad templum Iunonis trahebant. Statim proelium erat, et Sabini forte puellam Tarpeiam in campo prope Romam inveniebant et viam in Capitolium rogabant. Tarpeia pretium quod in bracchiis gerebant rogabat, nam Sabini armillas aureas gerebant; scuta, autem, quoque gerebant. Postquam Tarpeia viam ostendebat, Sabini scutis puellam occidebant. In posteritatem Romani traditores de Saxo Tarpeio in Forum Romanum iaciebant.

Post Tarquini Superbi expulsionem, Lars Porsenna, rex Etruscorum, contra Romam bellum gerebat. Imperium Porsennae magnum erat, et periculum magnum erat. Undae Tiberis altae erant. Horatius Cocles gladium manu tenebat et in ponte stabat dum Romani pontem delebant. Porsenna et copiae Etruscorum ante Romam sedebant. Tum Mucius Scaevola in castra Etruscorum veniebat quod regem Porsennam necare cupiebat. Etrusci Scaevolam inveniebant et virum igne terrere temptabant, sed manum in igne Scaevola ponebat. Porsenna Scaevolam fortem esse putabat, et pacem cum Romanis faciebat, sed a Romanis obsides capiebat. Puella Cloelia inter obsides erat. Trans Tiberim Romam fugiebat. Romani Cloeliam Porsennae reddebant quod obses erat. Porsenna virtutem Cloeliae et honestatem Romanorum laudabat. Cloeliam et amicos ad familias reducebat.

Quaestiones:

1. *Quae temporibus Romuli Romae non erant?*
2. *Cur proelium erat inter Romam et Sabinos?*
3. *Quas Tarpeia cupiebat?*
4. *What did the Sabines do to the traitor Tarpeia?*
5. *Why was Porsenna such a threat to Rome?*
6. *Why did Porsenna admire Scaevola? Cloelia?*

VOCABULARY FOR READING VII

armilla, armillae *f* bracelet

aureus, aurea, aureum golden, made of gold

bracchium, bracchii (i) *n* arm

forte *adv* by chance

gero, gerere gezzi gestus to wear (*clothes*): to wage (*war*)

gladius, gladii (i) *m* sword

honestas, honestatis *f* honor, integrity

ignis, ignis *m* fire

inimice *adv* in an unfriendly manner

obses, obsidis *mf* hostage

pons, pontis *m* bridge

posteritas, posteritatis *f* the future, after ages

proelium, proelii (i) *n* battle

traditor, traditoris *m* traitor

PRIMA PARS REI PUBLICAE

Motto: Vox Populi
New Grammar needed:
Imperfect passive endings "tur" and "ntur"
Ablative of Agent

Post expulsionem regis, senatores Romani et cognati vocabantur
"patricii", a "patribus". Alii Romani "plebs" vocabantur. Patricii auctoritatem habebant. Plebeii miseri tributa et militiam nimiam esse
putabant. Plebeii erant numero multi; patricii erat numero pauci.
Roma bellum saepe cum finitimis gerebat; plebeii in montem trans
rivum Anienem discedebant, et dicebant patricios Romam defendere
debere, quod omnia regebant. Patres perturbati Menenium Agrippam
ad plebem mittebant. Haec fabula ab Agrippa narrabatur. Fabula
Agrippae simplex erat, sed etiam plebs simplex erat. Agrippa dicebat:
"Omnia membra corporis humani in ira stomachum fame superare
cupiebant. Membra dicebant stomachum omnia edere sed non laborare. A membris -- manibus, ore, lingua, et gula – nihil ad stomachum
mittebatur. Membra moribunda erant; igitur stomachum alia alere sci-
ebant." Agrippa dicebat, "Senatus quoque ab aliis alitur et alia alit.
Omnia necessaria sunt." Plebs ad urbem reveniebat, et tribuni plebis
defensores plebis adversum nobilitatis superbiam creabantur.
Mox fames in urbe Roma magna erat, et cibus ad Romanos a rege
Syracusarum mittebatur. Gaius Marcius Coriolanus, miles notus, in
senatu dicebat cibum plebeiis dari non debere si tribunos tenebant.
Coriolanus ex urbe Roma a plebe pellebatur. Itaque ad Volscos fes-
tinabat. Ubi dux exercitus Volscorum creatus est, prope Romae portas milites Volscorum movebat. Legati Romanorum pacem
rogaverunt, sed a Coriolano non audiebantur. Ubi mater et uxor et
liberi pacem orabant, Coriolanus dicebat, "Mater, Romam servas; filium amittis." Postea a Volscis occidebatur.

Quaestiones:

1. *Qui erant duo ordines Romanorum?*
1. *Cur plebs miser erat?*
2. *Qui necessarii Romae erant?*
3. *What is the advantage the common people always have over the upper
   class?*
4. *What function does Agrippa say the Senate fulfills?*
5. *What concession was granted to the plebeian class?*
6. *Who tried to remove this concession and what happened to him?*

VOCABULARY FOR READING VIII

alo, alere, alui, alitum to feed, nourish

amitto, amittere, amisi, amissum to lose, let slip

cognatus, cognati *m* blood relative

edo, edere (esse), edi, esum to eat, consume

fames, famis *f* hunger

gula, gulae *f* throat

militia, militiae *f* military service

moribundus, moribunda, moribundum dying

nimius, nimia, nimium excessive, too great, extraordinary

patricius, patricii (i) *m* a patrician *(one born to high class)*

plebeius, plebeii (i) *m* a plebeian *(one born in the Roman lower class)*

plebs, plebis *f* the common people

simplex, simplicis simple, naive, plain

stomachus, stomachi *m* the stomach

Syracusae, Syracusarum *fpl* Syracuse *(capital city of Sicily)*

tribunus, tribuni (plebis) *m* tribune *(official guarding the interests of plebeians)*

tributum, tributi *n* tax, tribute

Volsci, Volscorum *mpl* Volsci *(an ancient people of central Italy)*

ROMA CRESCIT

Motto: Rara Avis

New Grammar needed:
Perfect Tense
Future Tense

Italia est paeninsula in forma similis cothurno. Mons Apenninus est quasi spina. Parva urbs Roma in medio quasi cothurno Italiae condita est infra flumen Tiberim. Erant alia oppida parva in media Italia. Alia mox amici et socii Romanorum erant; alia non erant. Paulatim Roma domina facta est, sed tantummodo post multos annos. Finitimi bello, foederibus, coloniis adducti sunt esse Romanorum socii. Oppida camporum similia Romae erant, et societas interdum erat facilis. Montani, autem, contra Romam et socios incursiones fecerunt. Pecora, frumentum, feminas abduxerunt; itaque Romani praedatores in montibus oppugnaverunt. Milites Romani bene exerciti et instructi sunt; fortes erant; hostes fere superaverunt. Possessiones receperunt; sed quaestio erat : "Quid de hostibus agemus? Si simpliciter domum reveniemus, iterum impetum contra Romam facient." Itaque fere socios ex hostibus fecerunt; hostes, si non socii esse cupiverunt, captivi facti sunt.
Temporibus magni periculi duo consules non semper bellum inter se consenserunt. Itaque Romani dictatorem creaverunt. Sex menses dictator imperium habuit. Anno quinquagesimo secundo post expulsionem regum, Lucius Quinctius Cincinnatus dictator nominatus est, quod exercitus Romanus cum consule ab Aequis in monte Algido circumdatus est. Cincinnatus Aequos superavit et sub iugum misit. Sexto decimo die postquam dictaturam accepit, potestatem deposuit et ad agros suos revenit.

Quaestiones:

1. *Ubi in Italia est Roma?*
2. *Quae montani abduxerunt?*
3. *Cur Romani dictatorem creaverunt?*
4. *What was the extent of a dictator's power?*
5. *How successful was Cincinnatus as a soldier?*
6. *In what way was he a "rare bird'?*

VOCABULARY FOR READING IX

circumdo, circumdare, circumdedi, circumdatum to surround

colonus, coloni *m* colonist, settler

condo, condere, condidi, conditum to found, to establish

consentio, consentire, consensi, consensum to agree on

cothurnus, cothurni *m* hunting boot

exerceo, exercere, exercui, exercitum train, exercise

fere *adv* generally

foedus, foederis *n* treaty, charter

frumentum, frumenti *n* grain

impetus, impetus *m* attack

incursio, incursionis *f* raid, invasion

instruo, instruere, instruxi, instructum to draw up; *(mil)* deploy; to arrange

iugum, iugi *n* yoke; (mil) a spear laid across two upright spears, under which the conquered enemy had to pass

mensis, mensis *m* month

montanus, montani *m* mountain dweller

nomino 1 to name, to nominate *(for office)*

pecus, pecoris *n* head of cattle, herd

societas, societatis *f* alliance

spina, spinae *f* backbone, spine; *(original meaning)* thorn

sui, sibi, se *pron* himself, herself, itself or themselves

LEX DUODECIM TABULARUM

Motto: Sic semper tyrannis

New Grammar needed:
Perfect tense of possum
Perfect passive infinitive
Pluperfect tense

Temporibus regum civis, poenae corporis aut capitis ab iudicibus damnatus, ius provocationis ad regem habuit. In re publica provocatio adversus magistratus ad populum data est. Ius provocationis et iura alia erant necessaria maxime plebi, quod patricii et plebeii saepe dissenserunt, et plebeii pecuniam et auctoritatem non habuerunt. Alii plebeii clientes patriciorum erant, et patroni clientes iuverunt, sed alii plebeii patronos patricios non habuerunt. Populus Romanus leges scriptas cupivit, et anno trecentesimo et altero ab urbe condita decemviri scriptores legum creati sunt. Princeps inter decemviros erat Appius Claudius, homo nobilis; multa bona plebeiis fecit. Primo anno decemviri bene egerunt; decem tabulae legum scriptae et in Foro Romano proscriptae sunt. Secundo anno duae tabulae additae sunt, et Roma leges habuit; omnes Romani auxilium contra oppressionem habuerunt. Sed decemviri dominationem exercere inceperunt. Ex fabulis Appius Claudius Verginiam, virginem ingenuam, struprare temptavit. Pater Verginiam servam videre non potuit; itaque filiam necavit. Alii dixerunt Appium Claudium ex urbe Roma in exsilium relegatum esse; alii dixerunt Appium necatum esse. In multis terris et multis temporibus viri magni, quod in feminas vim faciebant, exstincti sunt; huiusmodi historia Appii Claudii erat.

Quaestiones:

1. *Qui protectionem legis in re publica cupiverunt?*
2. *Qui auxilium clientibus dederunt?*
3. *Quid decemviri fecerunt?*
4. *How did the decemvirs carry out their task at first?*
5. *What was the great value of the Law of the Twelve Tables?*
6. *How is Appius Claudius Decemvir said to have met disaster?*

VOCABULARY FOR READING X

auctoritas, auctoritatis *f* power, significance, authority

capitis damnare to condemn to death

corporis damnare to condemn to bodily punishment

cliens, clientis *m* client *(ex-slave or commoner protected by a patrician* **patronus***)*; dependant

damno 1 to condemn; *(+ gen of penalty)* to find guilty of

decemvir, decemviri *m* decemvir *(one of the ten men chosen to write the law of the Twelve Tables)*

dissentio, dissentire, dissensi, dissensum to disagree, be in conflict

exstinguo, exstinguere, exstinxi, exstinctum to destroy, put out

huiusmodi of this kind, this kind of

ingenuus, ingenua, ingenuum free-born

iudex, iudicis *m* judge

ius provocationis *n* right of appeal

ius, iuris *n* law, legal system, rights

patronus, patroni *m* legal protector, patron

proscribo, proscribere, proscripsi, proscriptum to proclaim, publish in writing

scribo, scribere, scripsi, scriptum to write

stupro 1 to violate

ETRUSCI ET GALLI

Motto: Parcere subiectis et debellare superbos

New Grammar needed:
Pronoun is
Perfect and pluperfect of sum

Ad septentriones fluminis Tiberis fuerunt oppida Etruscorum.
Etrusci fortes fuerunt, et etiam temporibus regum hostes
Romanorum fuerant. Multos annos Romani cum Veiis, magno oppido Etruscorum, et cum oppidis parvis Etruscis pugnaverunt. Marcus
Furius Camillus, dux Romanus, Veios obsedit et cepit. Post triumphum Camillus ex Roma expulsus est quod praeda inique divisa
erat.
In septentrionibus ultra terram Etruscorum erant Galli, feri barbari.
Saepe Etrusci cum eis pugnaverunt. Galli Senones ad flumen Alliam
venerunt, et Romanos superaverunt. Romani Romam fugerunt; ne
portas urbis quidem clauserunt. In arcem in Montem Capitolinum
fugerunt. Galli urbem occupaverunt circum arcem. Non solum
cibus sed etiam spes Romanis defecit. Pax facta est, et mille librae
auri pretium eius factum est. Dum pensio faciebatur, Camillus, dictator creatus, revenit. "Romani," dixit, "ferro, non auro patriam
recipite." Gallos discedere iussit. Galli in Romanos impetum
fecerunt sed victi sunt.
Quod Roma calamitatem acceperat, nonnulla oppida rebellaverunt.
Roma ferociter pugnavit, et nonnulla oppida severe punivit aut delevit. Oppidum Caere, autem, amicum Romanis semper fuerat, et
deos Romanos post cladem Alliae protexerat. Id non deletum est,
sed primum municipium factum est. Non separatum a potestate
Romae erat; iura multa, autem, civium Romanorum habuit. Postea,
multa oppida a Roma "iura Caerita" acceperunt. Temporibus malis
municipia socii Romanis erant.

Quaestiones:

1. *Qui erant Etrusci?*
2. *Quos duos hostes fortes habuerunt Romani?*
3. *Qui ad Alliam pugnaverunt?*
4. *What two great things did Camillus do for Rome?*
5. *Why was Caere treated differently from the other rebellious cities?*
6. *What lasting effect did this treatment have on Roman history?*

VOCABULARY FOR READING XI

arx, arcis *f* citadel, fortress

clades, cladis *f* disaster

deficio, deficere, defeci, defectum to fail, run out

ferociter *adv* fiercely

ferrum, ferri *n* iron, sword

ferus, fera, ferum wild, fierce

libra, librae *f* pound

mille one thousand

municipium, municipii (i) *n* free town, autonomous town *(whose citizens had special rights under Roman rule)*

obsideo, obsidere, obsedi, obsessum to blockade, besiege

praeda, praedae *f* spoils of war, loot

septentriones, septentrionum *mpl* northern regions, the North *(seven stars near the North Pole belonging to the Great Bear)*

triumphus, triumphi *m* victory parade, victory

BELLUM CUM GRAECIS

Motto: Nemo insula est

New Grammar needed:
Deponent verbs

In meridie Italiae erant multa oppida Graeca. Regio vocata est
"Magna Graecia." Roma multis oppidis imperavit et potestas eius
magnopere crevit. Tarentini, incolae magni oppidi Graeci Tarenti,
Romanos non amaverunt. Bellum gestum est, et Pyrrhum, regem
Epiri, Tarentini ex Graecia contra Romanos ad urbem suam
vocaverunt. Primum Romani cum transmarino hoste pugnaverunt.
In proelio Pyrrhus elephantos habuit. Ei Romanos et equos
Romanorum perturbaverunt. Romani superati sunt, sed Pyrrhus
multos viros amisit. Post proelium is in campo ambulavit et
Romanos caesos in ordine cum omnibus vulneribus in fronte vidit.
"Cum talibus viris," dixit, "orbem terrarum vincere debeo."
Legati Romani, ad Pyrrhum missi, Romanos captivos redimere
temptaverunt. Pyrrhus captivos sine pretio reddidit. Honestatem
unius ex legatis, Fabricii, maxime admiratus est. Pyrrhus fidelitatem
Fabricii petivit, et ei quartem partem regni promisit. Fabricius dixit,
"si fidelitas mea emi potest, nihil est."
Pyrrhus trans Italiam progressus est, et omnia ferro igneque devas-
tavit, sed Romani ferociter pugnaverunt et municipia Romam non
deseruerunt. Pyrrhus, admiratione Romanorum motus, Cineam,
praestantem virum, ad senatum cum condicionibus pacis misit.
Senatus deliberabat. Appius Claudius, munitor Viae Appiae et
Aquaeductus Appii, nunc vetus et caecus, in senatum in lectica por-
tatus est. In magna oratione bellum senatui persuasit. In bello
Pyrrhus victus est et in Graeciam discessit.

Quaestiones:

1. *Quid erat "Magna Graecia"?*
2. *Qui Romanos perturbaverunt?*
3. *Quem Pyrrhus admiratus est?*
4. *Why did Fabricius think that Pyrrhus' offer was foolish?*
5. *Why did Cineas come to Rome?*
6. *Who turned the tide and how?*

VOCABULARY FOR READING XII

caecus, caeca, caecum blind

cresco, crescere, crevi, cretum to grow, increase

desero, deserere, deserui, desertum to abandon, desert

fidelitas, fidelitatis *f* loyalty

honestas, honestatis *f* honor, integrity, sense of honor

meridies, meridiei *m* midday, the South

munitor, munitoris *m* builder

persuadeo, persuadere, persuasi, persuasum *(+ dat)* to persuade, convince; *(+ dat of person, acc of thing)* to recommend *(something)* to *(someone)*

perturbo 1 to throw into confusion, alarm

praestans, praestantis outstanding, admirable

regio, regionis *f* region, section of the country

transmarinus, transmarina, transmarinum from beyond the seas, foreign

FINIS PRIMAE PARTIS
REI PUBLICAE

Motto: E Pluribus Unum

New Grammar needed:
Comparative and Superlative adjectives
Verb fero—its principal parts and compound offero

Paulatim Roma multas regiones Italiae societatibus, coloniis, bellis acquisivit. Multae gentes sub potestatem Romanorum venerunt. Multi victores in captivos saevi fuerunt; Romani, autem, agricolae erant; terras victas sicut agros suos tractaverunt. Romani dixerunt, "Oves tondere quotannis possumus; eas deglubere semel possumus." Multa oppida Italiae municipia erant; iura sua et auctoritatem in oppidis suis habuerunt, et vita non erat durissima. Tributum et militia Romanis debita sunt, sed non erant gravissima. Duces Romanorum saepe fortes viri honoris et dignitatis erant, et aeque cum omnibus egerunt. Talis vir erat Manius Curius Dentatus. Is Sabinos et Senones et Regem Pyrrhum vicit. Pompam triumphalem in urbe Roma duxit. Post victorias singulares ad suam casam miseram et parvam revenit. Samnites, hostes Romanorum, ad casam Dentati venerunt et aurum multum ei obtulerunt. Dentatus in casa parva cenam raparum parabat; Samnitibus dixit, "Videte cenam meam; deos meos et patriam meam et rapas meas habeo; cur auri egeo? Melior quam aurum est victoria de possessoribus auri." Per viros tales Roma paeninsulam Italiam vicit. Carthago, oppidum magnum in Africa, maximam potestatem maritimam tenuit. Ea in Sicilia, insula proxima Italiae, potestatem et possessiones tenuit. Anno quadringentesimo octogesimo octavo ab urbe condita Roma Tarentum et Rhegium in ultima meridiana Italia tenuit. Oppidum Messanae in Sicilia, adversus Rhegium, auxilium contra Carthaginem petivit. Roma Messanam cepit. Nunc extra Italiam terram et hostem habuit.

Quaestiones:

1. *In quibus tribus modis Roma Italiam vicit?*
2. *Cur erat vita non durissima sub Romanis?*
3. *Qualis vir erat Dentatus?*
4. *What kind of life did Dentatus lead privately?*
5. *Who was now poised to become Rome's great enemy?*
6. *At this point, which is called the end of the Early Republic, what change came in Rome's circumstances came?*

VOCABULARY FOR READING XIII

acquiro, acquirere, acquisivi, acquisitum to obtain, acquire

adversus, adversa, adversum facing, opposite

ago, agere, egi, actum to act, live, deal

deglubo, deglubere – to skin, flay

egeo, egere, egui – to be needy; (+ gen) to need; to want; to miss

melior, melius better (*comparative of* **bonus**)

ovis, ovis *f* sheep

pompa, pompae *f* parade, procession

potestas, potestatis *f* power

rapa, rapae *f* turnip

singularis, singularis, singulare single, one at a time

societas, societatis *f* alliance

talis, talis, tale such, of that kind

tondeo, tondere, totondi, tonsum to shear, shave, clip

tracto 1 to manage, handle

SECUNDA PARS REI PUBLICA: POTESTAS ROMAE CRESCIT

Motto: Fortuna fortes iuvat

New Grammar needed:
Relative pronoun qui

Romani qui primi extra Italiam processerunt fortes et simplici vita
fuerunt. Senatores saepe agros parvos et familias magnas habuerunt
sed sine luxuria contenti erant. Carthaginienses riserunt quod um
solum pulchrum instrumentum escariorum in urbe Roma erat.
Legati Carthaginienses idem instrumentum escariorum viderunt in
mensis omnium senatorum in quorum domibus cenaverunt. Sed
Polybius Graecus et alii scriptores senatum Romanum "Concilium
Regum" vocaverunt. Scriptores senatorem omnem sapientem et
dignum regno esse crediderunt. Dignitatem, non opes, multi senatores petiverunt.
Roma crevit, et vita Romanorum modis multis mutata est. Bellum
cum Carthagine incepit. Carthago erat domina marium, et Romani
erant milites terrae, non nautae. Romani naufragium
Carthaginiensis navis invenerunt, et naves similes ei aedificaverunt.
Naves Romanae milites portaverunt; Roma nautas non habuerunt.
In proelio in mari Romani ad naves Carthaginienses accesserunt, in
naves transcenderunt, et pugnaverunt. Carthaginienses remigatione,
non proelio, vincere solebant. In mari Roma victrix erat, sed bellum
non finitum est. In terra Carthaginiensium in Africa Regulus, consul
et dux exercitus Romani, contra Carthaginienses qui a Xanthippo
Spartano ducti sunt pugnavit. Xanthippus erat miles Spartanus qui,
sicut multi Graeci eis temporibus, vagus propter clades in Graecia
erat. In arte belli Spartani erant splendidi; Regulus victus et captus
est. Romani in proeliis cum Xanthippo multa nova docti sunt. In
proeliis aliis Romani, autem, vicerunt et anno sexto decimo belli
Roma et Carthago exhaustae sunt. Iuvenis Hamilcar Barca dux militum Carthaginiensium factus est. Milites eum amaverunt, et bene
pugnaverunt, sed Gaius Lutatius eum vicit et pax facta est. Sicilia et
Corsica et Sardinia Romanis datae sunt. Hamilcar, autem, pro patria
laborare perrexit, et filios suos pro patria laborare docuit. Nomen
unius filiorum eius erat Hannibal.

Quaestiones:

1. Quales viri erant Romani antiqui?

2. *Quid auctores Senatum vocaverunt?*
3. *Quo modo Roma et Carthago dissimiles erant?*
4. *What extra help did Carthage have in Africa?*
5. *Who was the last and greatest of the native Carthaginian commanders in this war?*
6. *How were the seeds of the next conflict sown in this one?*

VOCABULARY FOR READING XIV

accedo, accedere, accessi, accessum to approach; *(+ **ad** + acc)* to come up to, approach

clades, cladis *f* disaster

dignus, digna, dignum worthy, deserving

domina -ae *f* chief power, mistress

escaria, escariorum *npl* eating vessels, dishes

exhaurio, exhaurire, exhausi, exhaustum drain dry, exhaust

finio, finire, finivi, finitum to complete, end, finish

instrumentum escariorum *n* set or supply of eating vessels

muto 1 change

naufragium, naufragii (i) *n* shipwreck, shattered remains

ops, opis *f* power, help *(pl)* wealth

pergo, pergere, perrexi, perrectum to continue, go straight on

porrigo, porrigere, porrexi, porrectum to reach out, stretch out

remigatio, remigationis *f* rowing, controlling a ship

sapiens, sapientis wise

splendidus, splendida, splendidum illustrious, brilliant

vagus, vaga, vagum wandering

PRIMUS APEX ROMAE

Motto: Mens sana in corpore sano

New Grammar Needed:
Ablative Absolute

Tempus post Primum Bellum Punicum, id est, bellum cum Carthaginiensibus, quos Romani "Poenos" vocaverunt quod ex terra Poenorum venerunt, erat tempus bonum Romanis. Postea Romani crediderunt id esse saeculum Romanorum optimorum et beatissimorum. Multi Romani , patricii et plebeii, agricolae in agris parvis erant. Vita erat simplex; omnes laboraverunt. Romani, nobiles et plebeii, legere, scribere, numerare potuerunt; disciplina, autem, erat simplex. Scriptores magni nondum nati erant. Paterfamilias filios, materfamilias filias, honorem, fidem, amorem patriae, laborem docuerunt. Consules et magistratus pecuniam non acceperunt; honos erat iuvare Romam. Luxuria ignota erat, itaque desiderata non est.

Primo Bello Punico finito, milites et captivae gentes Africae contra Carthaginem rebellaverunt. Milites in Sardinia insulam Romanis obtulerunt. Corsica quoque Romanis data, Hamilcar ultionem iuravit. Punici ei imperium dederunt, et in Hispania potestatem Carthaginis auxit. Secum in Hispaniam tres filii, quos "progeniem leonis" vocavit, venerunt. Post mortem Hamilcaris et Hasdrubalis, generi eius, Hannibal Hispaniae imperavit, et bellum cum Roma provocare desideravit. Hannibal Saguntum, socium Romanorum, obsedit. Sed Romani eo tempore cum Gallis et cum piratis Illyricis bellum gerebant, et tarde responderunt. Saguntum victum est, et Roma legatioz ad urbem Carthaginem misit. Carthago legatioz sugillavit, et Secundum Bellum Punicum inceptum est.

Quaestiones:

1. *Quid erat tempus optimum Romanorum?*
2. *Qualis populus tunc erat?*
3. *Cur luxuria non desiderata erat?*
4. *What territories did Rome gain after the First Punic War?*
5. *Who went to Spain?*
6. *What did Hannibal intend to do and how did he go about it?*

VOCABULARY FOR READING XV

augeo, augere, auxi, auctum to enlarge, increase

beatus, beata, beatum happy, blessed

disciplina, disciplinae *f* training, education

gener, generi *m* son-in-law

ignotus, ignota, ignotum unknown, unfamiliar

nascor, nasci, natus sum *dep* to be born

offero, offerre, obtuli, oblatum to offer

optimus, optima, optimum the best *(superlative of* **bonus***)*

Poeni -orum *mpl* Phoenicians; Carthaginians

progenies, progeniei *f* offspring, brood

provoco 1 to stir up, challenge

saeculum, saeculi *n* generation, age, century

sugillo 1 to insult, beat black and blue

tarde *adv* slowly, reluctantly

CANNAE ET ZAMA

Motto: Nil desperandum

New Grammar Needed:
Present and future participles

Hannibal, fratri imperium in Hispania tradens, ad Alpes cum exercitu processit. Romani Hannibalem Italiam per Alpes intrare non posse crediderunt, sed id fecit, et exercitus populi Romani contra hunc ducem splendidum pugnavit. Ad Lacum Trasimenum et apud Cannas incredibiles calamitates Romani tulerunt. Ad Cannas viri consulares aut praetorii viginti, triginta senatores capti aut interfecti sunt. Militum ad quadraginta milia, equitum ad tria milia et quingentos necati sunt. Sed Romani, magna ex parte a iuvene P. Cornelio Scipione firmati, non pacis mentionem fecerunt. Cives possessiones suas civitati dederunt, et servi manumissi et milites facti sunt. Nonnullae civitates Italiae ad Hannibalem transiverunt, sed multi, qui cum Romanis non controversiam magnam habuerunt, socii manserunt. Iterum et iterum longis annis belli in Italia, Hannibal civitates Italiae contra Romanos rebellaturas esse credidit. Numquam coniunctionem inter Romam et municipia intellexit. Populi a Poenis captivi non libertatem habuerunt, sed Romani erant amici boni et hostes fortes. Fides municipiorum, castella in omnibus partibus Italiae, et maxima ex parte spiritus insuperabilis Romanus Hannibalem trivit.

Anno decimo tertio postquam in Italiam Hannibal venit, iuvenis Publius Cornelius Scipio consul creatus est, et postero anno in Africam processit. In pugnis multos Poenos necavit, et captivos et spolia Romam misit. Hannibal in Africam rediit, et anno decimo septimo Italia liberata est. Ad Zamam Scipio et Hannibal proelium commiserunt, et Scipio victor erat. Scipio Hannibalem necare aut Carthaginem delere non cupivit. Condiciones pacis durae, sed non intemperatae erant, et Poeni, qui duces victos suos in crucem tollere solebant, Hannibalem non in crucem tollere iubebantur.

Quaestiones

1. *Quas Romani Hannibalem transire posse non crediderunt?*
2. *Quot senatores in proelio apud Cannas amissi sunt?*
3. *Quis Romanos post Cannas hortatus est?*
4. *Whom did Hannibal expect to help him and why was he disappointed?*
5. *How did Scipio draw Hannibal away from Italy?*
6. *What were the Carthaginians forbidden to do?*

VOCABULARY FOR READING XVI

apud *prep (+ acc)* at, by, near, among

castellum, castelli *n* fort

committo, commmittere, commisi, commissum to commence, begin; *(mil)* engage in battle

coniunctio, coniunctionis *f* connection

crux, crucis *f* cross

firmo 1 to encourage

intemperatus -a -um excessive

manumitto, manumittere, manumisi, manumissum to set free *(a slave)*

nonnullus -a -um some

praetorius -a -um praetorian *(pertaining to the chief judicial magistrate)*

tero, terere, trivi, tritum to wear down, rub against

tollo, tollere, sustuli, sublatum to lift, raise, destroy

transeo, transire, transivi, transitum to go across, desert

ROMA MUTARE INCIPIT

Motto: Mens conscia recti

New Grammar needed:
Passive periphrastic

Roma victrix numquam iterum eadem civitas erat. Annis septendec-
im Belli Punici Secundi agri deleti sunt et antiqua vita simplex
mutata est; patres in exercitu filios docere non potuerunt; veteres
familiae Romanae exstinctae erant. Multi Romam, in qua neque
satis laboris neque satis cibi erat, convenerunt. Senatus numerum
dierum festorum auxit; ludi et spectacula multa erant. Honos et
amor patriae nunc vix in patria inventi sunt. Viri benigni similes
Scipioni Africano et probi similes Aemilio Paulo adhuc vivebant, sed
numeri eorum pauciores erant.

Imperium orbis terrarum Roma non desideravit. Carthaginem et terras eius imperio suo non addidit. Mox Graecas civitates Roma vicit,
sed multos Graecos liberavit. Roma terras quae minae ei visae sunt
imperio suo addidit aut delevit.

Post Alexandri Magni mortem Philippus rex Macedoniae erat.
Graeciam superavit, et civitates Graecas in Asia Minore superabat.
Rex Attalus Pergami, socius Romanorum, a Philippo oppugnatus est.
Socii Philippi Atticam circum Athenas delebant. Romani, credentes
Philippum sistendum esse, consulem Titum Quinctium
Flamininum contra Philippum misit. Aetoli, hostes Philippi, auxili-
um Romanis tulerunt et offensi sunt quod Flamininus victor
Macedoniam non delevit, Philippo pepercit, et, in ludis Isthmiis ad
Corinthum, Graecos liberavit. Graeci grati donum ei obtulerunt:
Flamininus libertatem pro Italis servis in Graecia rogavit, et ea eis
data est.

Antiochus rex Syriae, unus ex heredibus Alexandri, multas regiones
Asiae Minoris cepit et Europam invasit. Aetoli cupidi spoliorum
eum iuvabant; Philippus Macedoniae, autem, non Romam pugnavit.
Apud Thermopylas Cato Maior cum Syriis pugnavit, et hostes
Romae superavit. Scipione invito, Hannibal expulsus est ex urbe
Carthagine et auxilium Syriis tulit. Roma, Lucio Scipione duce et
Africano cum eo, Asiam Minorem, terram Antiochi, invasit et vicit.
Iterum nihil spoliorum Roma cepit. Consul post Scipionem, Lucius
Manlius Volso, autem, spolia multa cepit. Romani honesti pauciores
fiebant.

Quaestiones:

1. *Quae negotia Romani patres in bello agere non potuerunt?*
2. *Quorum satis in Roma non erant?*
3. *Qui erant in numero pauciores erant?*
4. *What sort of power did Rome not really desire?*
5. *In what two ways did she show this?*
6. *Whose descendants caused much trouble in Greece and Asia Minor?*
7. *How did Rome's generosity offend her allies?*

VOCABULARY FOR READING XVII

benignus -a -um kind, considerate

dies festus *m* holiday

festus –a –um festive

fio, fieri, factus sum to become, be made

heres, heredis *m* heir

honestus -a -um honorable, decent

imperio addere to annex

imperium, imperii (i) *n* dominion

minae, minarum *fpl* threats

parco, parcere, peperci, parsurum *(+ dat)* to spare

sisto, sistere, stiti (steti), statum to stop, to put an end to

supero 1 overcome

vix *adv* scarcely, hardly

EVENTUS POTESTATIS

Motto: Descensus Averno facilis est

New Grammar needed:
Reflexive pronouns
Locative case

Divitiae et servi et petitores opportunitatis Romam inundaverunt. Mores Romanorum antiquorum, bellis longis et absentia domo et praesentia largitionis luxuriaeque, languerunt. Viri Romae fortes et magnanimi adhuc vixerunt, sed rari fiebant. Cato Maior una cum servis suis laboravit et cum eis cibum simplicem et vinum consumpsit. In bello in Graecia spolia non cepit, et proconsul in Sardinia, contemnens vectionem et hospitium sumptu provinciali, pedibus cum uno servo processit. Alii, autem, exemplum eius laudaverunt sed non secuti sunt. Cum Dux Lucius Aemilius Paullus post proelium Pydnae sibi nihil accepit, et milites suos spolia sibi accipere vetuit, ira avarorum militum paene triumphum eius subduxit. Triumphus eius erat, tamen, et secum Romam Polybium, scriptorem magnum qui inter captivos erat, liberis suis doctorem attulit.
In historia Romae bellum saepe inevitabile apparuit, si Romani superfuturi erant. De more Roma, propter actiones et minas hostium, nonnumquam severa, nonnumquam lenis, in bellis fuerat. Res publica, autem, onus imperi non amavit. Roma iam imperium magnum quod crescebat habuit. Romae ministri civiles qui negotium provinciarum gesserunt non iam erant. Publicani qui tributa pro Romanis exegerunt multam pecuniam sibi super tributa Romae extorserunt. Quod Roma procul aberat, terrorem poenae non habuerunt. Romani multa oppida, similia Carthagini, vicerant sed nec deleverant nec in servitutem redegerant. Graeciam liberam esse cupiverunt. Macedonia Asia Minorque procul erant; itaque imperare eis difficile erat. Terrae quibus Romani iam imperaverunt magnae et diffusae erant. Quoad potuerunt, novas provincias non acceperunt. Sed multi homines nunc spolia et divitias postulaverunt, et senatus populusque Romanus mutabantur.

Quaestiones:

1. *Quae nunc Romam inundaverunt?*
2. *Qui rari fiebant?*
3. *In quibus tribus modis Cato se magnanimum ostendit?*
4. *How did people react to Cato's acts?*
5. *How did Paullus' good qualities almost get him into trouble?*
6. *What attitude toward empire had Rome traditionally taken?*
7. *What was changing all this?*

VOCABULARY FOR READING XVIII

affero, afferre, attuli, allatum to bring, convey

contemno, contemnere, contempsi, contemptum to look down on, despise

diffusus -a -um extensive

divitiae -arum *fpl* riches

doctor, doctoris *m* teacher

exigo, exigere, exegi, exactum to demand, collect

hospitium, hospitii (i) *n* lodgings, guest quarters

langueo, languere – to grow weak, feeble

largitio, largitionis *f* bribery

non iam *adv* no longer

quoad *conj* as far as

redigo, redigere, redegi, redactum to reduce

subduco, subducere, subduxi, subductum to take away, steal

supersum, superesse, superfui, superfuturum to survive, be left over

vectio, vectionis *f* conveyances, transportation

CORINTHUS ET CARTHAGO

Motto: Sic transit gloria mundi

New Grammar needed:
Forms of hic, haec, hoc

Interea Macedonia turbam iterum exhibuit. Temporibus Flaminini victus Philippus Macedoniae filium Demetrium obsidem Romam misit. Mos Romanorum erat filios ducum terrarum victarum obsides postulare et hos filios in moribus Romanorum educare. Perseus, maximus natu filius Philippi, putans Romanos fratrem Demetrium in solio posituros esse, mendacia Philippo dixit. Dixit Demetrium, qui Romam amavit, cum Romanis Philippum et Perseum necare consilium capere. Cum Romani Demetrium ad patrem pacis causa miserunt, Philippus Demetrium necavit, et postea innocentem hunc esse didicit. Philippus mortuus est; Perseus et milites Graeciae Asiaeque Minoris proelium cum Romanis commiserunt. Tolerantia et patientia Romanorum nihil in hoc bello iuverunt. Achaia Spartam oppugnavit, et Achaei patientiam Romanorum timorem esse crediderunt. Corinthi convenerunt, et legatos Romanorum sugillaverunt. Consul Lucius Mummius Corinthum sine proelio cepit et delevit; incolas aut in servitutem redegit aut interfecit. Carthaginienses et Masinissa, rex Numidiae qui socius Romanorum erat, hostes et finitimi erant. Discordia inter hos orta est, et Romani arbitri in Africam venerunt. Cato, iam senex, cum legatione Carthaginem venit. Carthago in armis erat, et primum verba nota Catonis dicta sunt, "Carthago delenda est." Bellum incepit, et Romani et Carthaginienses insidias fecerunt. Romani duces imperiti erant, et exercitus Romanus a iuvene Publio Scipione Aemiliano, filio Lucii Aemilii Paulli et adoptato nepote Scipionis Africani, bis conservatus est. Romani Scipionem consulem creaverunt, et hic Carthaginem cepit. Carthago incensa et inarata est.

Quaestiones:

1. *Quis erat Demetrius?*
2. *Quo modo Mummius Corinthum cepit?*
3. *Qui Corinthi convenerunt?*
4. *In the year 146 B.C. the Romans destroyed two famous and historic cities. What were they?*
5. *What did Cato always say of Carthage after he had seen it?*

6. *What young man saved the Roman army in the war with Carthage?*
7. *Who were his famous relatives?*

VOCABULARY FOR READING XIX

arbiter, arbitri *m* judge, spectator

bis *adv* twice

cum *prep (+ abl)* with; *conj* when, since, although

disco, discere, didici – to learn

discordia -ae *f* dissension, disagreement, trouble

exhibeo, exhibere, exhibui, exhibitum to cause, produce

imperitus -a -um unskilled, inexperienced

inaro 1 to plow under

insidiae, insidiarum *fpl* ambush, plot, trap

legatio, legationis *f* embassy, mission

mendacium, mendacii (i) *n* lie

memor, memoris *(+ gen)* mindful of

nepos, nepotis *m* grandson, descendant

solium, solii (i) *n* throne

ANIMI MAGNI ET PARVI

Motto: Dux femina facti

In Hispania nationes complures rebellaverunt, et Cato Maior eas vicit. Tributum quod Cato postulavit non magnum erat, et Hispani ipsi id collegerunt. Postea seditio a Tiberio Sempronio Graccho, marito Corneliae filiae Scipionis Africani, suppressa est. Aeque Hispanos tractavit, et eum in memoria cara Hispani tenuerunt. Duces Romanorum nunc in duos ordines adversos cadere inceperunt. Post Gracchi praeturam duces crudeles et infideles in Hispaniam venerunt. Polybius Graecus scriptor cum aliis dixerat senatores Romanos fidem praestare, et multae gentes fidei Romae crediderunt. In Hispania, autem, consul Servius Sulpicius Galba verbis pacis hostes Lusitanos in deditionem adduxit, sed multos ex eis cecidit. Cato Maior eum Romam in iudicium vocavit, sed largitio eum servavit.

Cornelia filia Scipionis Africani erat multo iunior quam maritus Sempronius Gracchus. Filiis eorum duobus Tiberio et Gaio adhuc pueris, pater mortuus est. Cornelia, sicut alii familiae suae, non luxuriam sed patriam amavit. Feminae ostendenti gemmas suas, Cornelia filios demonstravit et dixit, "Hi sunt gemmae meae." Cornelia multa de gente et patria pueros docuit. Tiberius, duodeviginti annos agens, miles bonus Carthagini fuit. Docti in historia Romae et Graeciae, memores gentis magnae suae, Tiberius et frater Gaius se mala Romae emendaturos esse crediderunt.

Quaestiones:

1. *Qui duo duces boni erant in Hispania?*
2. *Quis erat crudelis dux in Hispania?*
3. *Cur Cato eum punire non potuit?*
4. *What had Polybius and others believed about Roman honor?*
5. *In what beliefs did Cornelia rear her children?*
6. *What did her two sons hope to do for Rome?*

VOCABULARY FOR READING XX

colligo, colligere, collegi, collectum to gather, collect

deditio, deditionis *f* surrender

emendo 1 to correct, reform

fidem praestare to keep one's word

gemma, gemmae *f* jewel

iunior, iunioris *mf* younger

praesto, praestare, praestiti, praestitum *(with* **fidem***)* to keep one's word

praetura -ae *f* praetorship *(office of judicial magistrate)*

seditio, seditionis *f* insurrection

supprimo, supprimere, suppressi, suppressum to stop, suppress

MORS TIBERII GRACCHI

Motto: Dulce et decorum pro patria mori

Romani a temporibus Tarquinorum reges timuerant. "Rex" oppro-
brii verbum erat.
In triumphis homo triumphatori dicebat, "in memoria habe te non
esse regem." Quod Romani sciverunt viros fortes et populares fieri
posse reges, tales vires in officiis potestatis numquam diu ret-
inuerunt, quamquam Romae et in provincia sual potestate bene usi
sunt. Tiberium Sempronium Gracchum et alios ex potestate post
annum removerunt, etiamsi mali duces auctoritatem acceperunt.
Quod res gestae Scipionis Africani Maioris clarissimae erant, contra
eum crimina falsa producta sunt per invidiam senatorum quorun-
dam. Romani saepe viros potentes quos populus amavit timuerunt
quod hi viri mutationem attulerunt. Tarda et cauta cogitatio saepe
Romanos servaverat, et mores suos non mutare cupiverunt.
Tiberius et Gaius Gracchus, ab Polybio et aliis in traditionibus optimis Romanorum et etiam in litteratura Graecorum docti, Romam
honori antiquo et gloriae reddere cupiverunt. In hoc opere experientia Graecorum uti cupiverunt. Multi Romani nobiles rationes alienas
et mutationes et potestatem Gracchorum et cognatorum timuerunt.
Hi iuvenes erant nepotes Scipionis Africani Maioris et filii Semproni
Gracchi. Scipio Aemilianus Africanus Minor, qui erat naturalis filius
Lucii Aemilii Paulli et filius adoptivus Publii Scipionis, erat consobrinus adoptivus Gracchorum et maritus Semproniae. Sempronia
erat soror Gracchorum. Uxor Tiberii ipsius filia Appii Claudii erat.
Status patriae et inopia populi Tiberium Gracchum perturbaverunt.
A populo amatus est et tribunus plebis creatus est. In ardore agrorum pro populo comparandorum, leges haud legitimas per comitia
tulit. Triumviri, Tiberius et Gaius Gracchus et Appius Claudius, agros
populo distribuere inceperunt. Anno sescentesimo et vicesimo ab
urbe condita quidam senatores mortem Tiberii die comitiali effecerunt. Romanus Romanum in viis Romae interfecit; tempus terroris
incepit.

Quaestiones:

1. *Quos Romani timuerunt?*
2. *Quas mutationes Romani timuerunt?*
3. *Quibus traditionibus Gracchi Romam referre cupieverunt?*
4. To what four noble and famous Roman families were the Gracchi related?
5. To what office was Tiberius Gracchus elected with which he hoped to help his country?
6. What did he want to do so badly that he did not wait to use legal means?
7. What was the result?

VOCABULARY FOR READING XXI

cautus -a -um careful, cautious

comitia -orum *npl* popular assembly

comitialis, comitialis, comitiale pertaining to, of the assembly

consobrinus -i *m* first cousin

crimen, criminis *n* charge, indictment

haud *adv* by no means, hardly (a very emphatic negative)

inopia, inopiae *f* poverty, need

invidia invidiae *f* jealousy, envy

opprobrium –ii (i) *n* reproach, disgrace

potens, potentis powerful

ratio, rationis *f* method, procedure, policy

TERTIA PARS REI PUBLICAE

Motto: Memento te esse mortalem

Novus triumvir delectus est, et distributio agrorum processit. Deinde Scipio
Aemilianus dixit distributionem agrorum populo Romano Latinos offensuram esse.
Is domi a socio Gracchorum interfectus est. Gaius Gracchus tribunus plebis creatus est, et mutationes rei publicae obtulit. Non electus secundo anno, Gracchus defensores retinere non potuit, et in comitiis erat tumultus in quo homo interfectus est. Quam ob rem Gracchus culpatus est, et is et defensores interfecti sunt. Violentia in comitiis nunc erat. Post bellum cum Hannibale, senatus a populo Romano Scipionem in potestate linquere coactus erat. Scipio auctoritate non abusus erat, sed mos potestatis longioris natus erat. E Gracchis viri ambitionis gregem, non legem, petere didicerant. Gaius Marius, plebeius qui in bello Africano contra regem Iugurtham egregie pugnaverat, se consulem futurum esse speravit. Ex bello in Africa Romam properavit. Senatu invito, consul delectus est. Comitia, non senatus, eum ducem in Africa fecerunt. In Africa non is sed iuvenis quaestor, Lucius Cornelius Sulla, Iugurtham cepit. Romae Marius triumphavit, et Iugurtha captivus in triumpho ductus est.
Marius adhuc in Africa erat; natio Germana Cimbrorum duos exercitus Romanos in Transalpina Gallia exstinxit. Populus Romanus contra legem Marium consulem secundo anno creavit, tribunos qui "veto" dixerunt ex comitiis expulit, et ad senatores opponentes saxa iecit. Marius exercitum Romanum iterum constituit et milites ad ducem, non ad civitatem, spectare didicerunt. Gallos vicit, et quattuor annis continuis consul creatus est.

Quaestiones:

1. *What two famous Romans became victims of the new civil violence?*
2. *What did ambitious politicians learn from the Gracchi?*
3. *Where did Caius Marius first win fame?*
4. *What power of the Senate did the Assembly usurp in regard to him?*
5. *How did Sulla figure in Marius' victory?*
6. *What emergency made the people turn at once to Marius?*
7. *How did he handle it and what was the result?*

VOCABULARY FOR READING XXII

abutor, abuti, abusus sum *dep (+ abl)* to misuse, abuse

constituo, constituere, constitui, constitutum to arrange, rearrange, set up, establish

continuus -a -um successive

creo 1 to elect, produce, create

culpa -ae *f* blame, fault

culpo 1 to blame, reproach

deligo, deligere, delegi, delectum to choose

distributio, distributionis f division, distribution

egregie *adv* excellently

grex, gregis *m* crowd, herd, mob

linquo, linquere, liqui – to leave, leave alone

offendo, offendere, offendi, offensum to shock, disgust

offero, offerre, obtuli, oblatum to bring about; to offer

oppono, opponere, opposui, oppositum to object, oppose

tumultus, tumultus *m* uproar, commotion

MARIUS ET SULLA

Motto: Paucorum improbitas est multorum calamitas

Nunc Roma ad terrorem maximum suum, unum ducem aut regem, accedebat. Marius potestatem summam in urbe habuit. Consilia Gracchorum Marius, Lucius Appuleius, et Gaius Servilius Glaucia renoverunt. Tribuni et candidati aut cum illis consiliis consenserunt aut necati sunt; soli suffragatores consentientes suffragium ferre salvi erant. Milites senatores metu coercuerunt, et leges neglectae sunt. Marius, haec facta mala damnans, collegas deseruit, et in tumultu in viis senatoribus se iunxit. Sulla, iuvenis nobilis qui cum Mario in Africa fuerat, in hoc tumultu et in Bello Italiano quod secutum est dux egregius erat. Ferocitas incredibilis ambobus exercitibus in hoc bello erat; moderatio Scipionis et Paulli mortua visa est. Iura civilia Italis data sunt, sed pax erat fragilis.

Mario, nunc civi privato, imperium in novo Bello Mithridatico a populo contra morem datum est. Sulla et exercitus eius, qui ducem, non Romam amavit, contra urbem pugnaverunt. Marius in Numidiam fugit, et, ubi Sulla ad Bellum Mithridaticum processit, Marius et homines sui regnum terroris Romae inceperunt. Marius, creatus consul, mox mortuus est, et Lucius Cornelius Cinna tres annos Romae praefuit. Cum Sulla ex Asia Minore et Graecia revenit, Cinna cum eo pugnavit sed interfectus est. Caedes magna ab omnibus factionibus facta est. Sulla dictator annos duos erat. Is leges renovare temptavit, sed multos interfecit, et post mortem eius reformationes eius etiam mortuae sunt. Multi ex gentibus optimis Romanis aut ab Sulla aut ab Mario exstinctae errant. Numquam iterum Urbs Aeterna eadem erat.

Quaestiones:

1. *Many of Rome's safeguards were disappearing; what had happened to the inviolability of tribunes and the rights of voters?*
2. *In the Italian or Social War, which the Italian allies waged for full citizenship, what kind of behavior became common?*
3. *What did the people give to Marius although it was unconstitutional to do so?*
4. *What did both Marius and Sulla do when the other was out of reach?*
5. *What did Sulla do during his dictatorship?*
6. *How much did his deeds help Rome?*
7. *Between them, what changes for the worse did these two leaders bring?*

VOCABULARY FOR READING XXIII

ambo, ambae, ambo both

candidatus -i *m* candidate *(so called from the gleaming white togas candidates wore)*

dimitto, dimittere, dimisi, dimissum to send away; to divorce *(a wife)*

factio, factionis *f* division, party, group

ferocitas, ferocitatis *f* savagery, ferocity

metus, metus *m* fear

moderatio, moderationis *f* self-control, moderation

praesum, praeesse, praefui, praefuturum to preside, *(+ dat)* be in charge of

renovo l to restore, reinstate

suffragator –oris *m* voter

suffragium ferre to vote

CICERO ET CAESAR
ET POMPEIUS VENIUNT

Motto: Quidquid fit cum virtute fit cum gloria

Sulla dictatore, viri qui ei restiterunt crudeliter interfecti sunt. Duo
iuvenes, autem, quorum neuter triginta annos egit, Sullae restiterunt
et superfuerunt. Gaius Iulius Caesar filiam Cinnae, consulis qui
Sullae restiterat, in matrimonium duxit. Iulia, amita Caesaris, uxor
Marii fuerat, itaque Sulla Caesari diffisus est. Sulla Caesarem uxorem
dimittere iussit; Caesar recusavit. Imperium Sullae maximum erat;
Caesar in Samnium fugit. Amici Caesaris veniam a Sulla implo-
raverunt, et Sulla dixit, "Tene eum, ergo, sed in eo sunt multi Marii."
Marcus Tullius Cicero, iam orator egregius, quamquam alii oratores
causam agere noluerunt, Sextum Roscium defendit. Pater dives
huius ab malis amicis Sullae caesus erat, et mali Roscium insimula-
bant. Cicero qui libertatem Rosci comparavit e Roma fugit.
Post mortem Sullae res publica in turbatione erat. Potestas comitiorum, tribunorum, equitum, et institutorum antiquorum deleta erat.
Sulla senatum auctoritatem suscipere cupiverat, sed senatus non iam
"concilium regum" erat. Multi infirmi et avidi homines ab Sulla et
fortuna senatui additi erant. Lex nullam potestatem habuit; confusio
et latrocinium et caedes ubique erant. Seditio Spartaci ab Gnaeo
Pompeio et Marco Crasso sedata erat, et hi consules creati sunt. Hi
intellexerunt senatum auctoritate bene uti non posse, et mores
antiquos comitiorum, tribunorum et equitum restituerunt. In urbe
Roma Caesar et Cicero auctoritatem comparabant. Cicero orationibus et Caesar, auxilio pecuniae Crassi, in cursum honorum
ascendere inceperunt. Interim Pompeius, auxilio Caesaris, imperium
contra piratas in Mari Interno accepit. Una aestate piratas vicit, et
Pompeius Magnus vere erat.

Quaestiones:

1. *How did both Cicero and Caesar show their courage as young men?*
2. *What was Sulla's estimation of Caesar?*
3. *What had happened to the Senate?*
4. *What did the death of Sulla and his constitution bring about?*
5. *What event brought the popularity which won a consulship for Pompey and Crassus?*
6. *What did they do once in office?*
7. *How are Pompey, Caesar, and Crassus beginning to be involved with each other?*

VOCABULARY FOR READING XXIV

amita -ae *f* aunt (father's sister)

cursus honorum *m* offices in a Roman political career

diffido, diffidere, diffusus sum *semi-dep (+ dat)* to distrust

eques, equitis *m* horseman; knight *(member of the business class of Roman society)*

infirmus -a -um weak, inconstant, unreliable

latrocinium, latrocinii (i) *n* robbery

nego 1 to deny; refuse

resisto, resistere, restiti – *(+ dat)* to be opposed to, resist

sedo 1 to settle, to calm

suscipio, suscipere, suscepi, susceptum to take up, to accept

POMPEIUS ET ORIENS

Motto: **Effugere cupiditatem regnum est vincere**

Mithridates VI, rex Ponti in Asia Minore, hostis Romanorum diutine fuerat. In omni discrimine Romanorum is eos et socios eorum oppugnaverat. Finitimos suos vicerat et terras eorum vastaverat. Exercitum Romanum exstinxerat et Graeciam liberam declaraverat, sed gentes mox didicerant regnum Mithridatis multo crudelius quam illud Romanorum esse. Sulla Mithridatem vicerat et terras victas receperat, sed Sulla Romam perturbatam properaverat. Nicomedes IV, rex Bithyniae, regnum suum Romae testamento legavit, et Mithridates Bithyniam invasit. Pompeio, victori recenti in bello cum piratis, imperium in Bithynia datum est. Senatus Pompeium timuit, sed Cicero et Caesar et equites pro eo locuti sunt, et in Bithyniam Pompeius profectus est. Mox is Mithridatem fugavit et Tigranem regem Armeniae, generum Mithridatis, in deditionem accepit. Mox Asiae Minori toti Pompeius praefuit. Is regna multa diversa orientis composuit. Anno sescentesimo et nonagesimo primo ab urbe condita in Italiam Pompeius, dominus orientis, cum exercitu fideli revenit. Brundisii is exercitum dimisit et Romam cum paucis amicis venit. Pompeius miles erat, non vir civilis; senatum in pactionibus eius stare et militibus ipsius praemia dare exspectavit. Senatus nihil boni egit. Pompeius apud comitia auctoritatem non habuit quod superbus erat; nihil conficere potuit. Caesari, qui populum Romanum intellexit, et Crasso, qui potestatem pecunia habuit, se iunxit. Quamquam senatus "novo homini" Marco Tullio Ciceroni diffisus est, eum consulem creare iuvit ob timorem Catilinae, mali hominis gentis antiquae qui etiam candidatus erat. Catilina seditionem contra civitatem fecit, sed Cicero consul consilium eius exposuit. Postquam Catilina ex urbe fugit, cives potentes, socii Catilinae, a Cicerone consule in vincula coniecti sunt. Roma servata est, sed multae res his ex rebus evenerunt.

Quaestiones:

1. *What had been the major activities of Mithradates VI?*
2. *How did the king of Bithynia safeguard his kingdom from Mithridates?*
3. *What two famous Roman generals fought against Mithridates?*
4. *What bad example of Sulla and Marius did Pompey not follow?*
5. *How was he disappointed in the Senate on his return?*
6. *Why was Cicero the "new man" elected consul?*
7. *How did he save Rome?*

VOCABULARY FOR READING XXV

conicio, conicere, conieci, coniectum to hurl, cast, throw

discrimen, discriminis *n* critical moment, turning point

diutine *adv* for a long time

evenio, evenire, eveni, eventum to happen, come to pass

expono, exponere, exposui, expositum to reveal

fugo 1 to put to flight

lego 1 to bequeath, will, delegate

loquor, loqui, locutus sum *dep* to talk

testamentum -i *n* will

vinculum -i *n* chain, bond

vir civilis *m* politician

RES PUBLICA IN CARDINE

Motto: Carpe Diem

Complures coniuratorum Catilinae Romae capti sunt; unus ex eis, Publius Cornelius Lentulus, multos familiares et clientes habuit, quos Cicero consul eum ex carcere carpturos esse credidit. Poenam mortis statim proposuit. Senatores in ordine locuti sunt. Caesar poenam mortis Romani civis sine iudicio esse non debere dixit. Cato Uticensis, pronepos Catonis Maioris et vir probus, senatum in oratione magna movit, et poena mortis effecta est; interea Catilina et clientes eius pugnantes extra urbem ceciderunt.

Caesar Pontifex Maximus, caput religionis Romae, creatus est; mox praetor etiam creatus est. Deinde propraetor in Hispania bene pugnavit et bene rem iudicariam administravit. Gerens res sapienter et iuste, ab provincialibus et militibus amatus est. Romam reveniens, consul creatus est. Caesar et Crassus et Pompeius nunc in primo triumvirato se iunxerunt. Populus Romanus agros diutine promissos accepit, pactiones quas Pompeius cum nationibus orientibus fecerat nunc observatae sunt, et proconsules latrocinio in provinciis prohibiti sunt. Caesar proconsul imperium in Gallia Cisalpina et Illyria accepit; tum eius imperio Gallia Transalpina addita est. Ciceroni, cuius facultates et honestatem Caesar admiratus est, Caesar honorem in primo triumviratu obtulerat. Nunc stationem in exercitu obtulit, sed Cicero beneficium Caesaris, quem et admiratus est et timuit, recusavit. Cicero rem publicam antiquam et senatum antiquum amavit; infirmitatem, tamen, senatus numquam vidit. Cicero Pompeio, qui neque ingenium neque intellegentiam Caesaris habuit et qui auxilium Ciceroni non dedit, credidit.

Annos novem Caesar in Gallia pugnavit. Multas terras ad Imperium Romanum addidit.

Provinciales exercitusque populusque Romanus eum propter fortitudinem et consilium eius admirati sunt. Romam perturbatam, ubi Pompeius et senatus contra eum coniuraverunt, rediit. Senatus cupivit eum milites dimittere et Romam solum venire; Caesar negavit.

Quaestiones:

1. *What illegal action did the Senate approve in the case of Catiline's conspirators?*
2. *Describe Caesar's rise to power.*
3. *Who joined him in the First Triumvirate?*
4. *What positive steps were taken during his consulship and the First Triumvirate?*
5. *What was Caesar's attitude toward Cicero?*
6. *Why could Cicero not be won over to Caesar?*
7. *After nine years as proconsul what had Caesar accomplished when he returned to Rome in 49 B.C?*

VOCABULARY FOR READING XXVI

carcer, carceris *m* prison

carpo, carpere, carpsi, carptum to pluck out or away, seize

coniuratus -i *m* conspirator *(one bound by an oath)*

interea *adv* meanwhile

iudicarius -a -um judiciary

pactio, pactionis *f* agreement

probus -a -um honest, upright, virtuous

pronepos, pronepotis *m* great-grandson

propono, proponere, proposui, propositum to suggest, propose

CAESAR DICTATOR

Motto: **Veni, vidi, vici**

Postquam Caesar Rubiconem flumen cum militibus transiit senatus
Pompeium exercitui praefecit. Caesar conventum cupivit; Pompeius
recusavit. Caesar, milites captos Pompeii liberans et omnes provinciales defendens, trans Italiam processit. Multi ei conciliati sunt.
Pompeius in Epirum processit. Caesar in Hispaniam navigavit, ubi
copias Pompeii superavit et inermes dimisit. Mox in Graeciam
Caesar navigavit, et apud Pharsaliam Pompeium vicit. In Aegyptum
hic fugit, et ibi a Ptolemaeo rege necatus est.
Caesar propter mortem Pompei et aliorum Romanorum doluit; mis-
ericordiam omnium exhibuit. In Africam processit et copias senatus
vicit. Cato Uticensis, qui sic nominatus est quod Uticae se occidit,
vitam et veniam Caesaris non accipere noluit. Cum re publica mori
in animo habuit.
Caesar Romam revenit. In memoria tenens senatum nihil fecisse
postquam Sulla et Pompeius potestatem senatoriam reddiderunt,
Caesar ipse mala corrigere incepit. Ciceronem eum iuvare cupivit,
sed Cicero in vitam privatam se recepit. Caesar in Hispaniam ad filium Pompeii pugnandum ire compulsus est, sed etiam inimici
Caesaris Pompeium saevum, qui multos ceciderat, adiuvare non
cupiverunt. Dominus orbis terrarum, Caesar patientiam et benigni-
tatem ostendit. Senatus, autem, timorem antiquum regnatoris unius,
etiam regnatoris sapientis et benigni, tenuit. Multas iniquitates
Romae Caesar correxit. Post menses sex coniuratione senatorum qui
potestatem antiquam desideraverunt necatus est.

Quaestiones:

1. *What policy did Caesar consistently follow in Italy which won most
   people to him?*
2. *How successful was he against the Republican forces?*
3. *What happened to Pompey?*
4. *Why did Cato Uticensis commit suicide?*
5. *Why did Caesar not return power to the Senate after he returned to
   Rome?*
6. *What attitude did Cicero take?*
7. *What attitude did Caesar show in the short time he had to rule?*

VOCABULARY FOR READING XXVII

benignitas, benignitatis *f* kindness, generosity

conventus, conventus *m* meeting, assembly

corrigo, corrigere, correxi, correctum to reform, correct

inermis, inermis, inerme unarmed

misericordia, misericordiae *f* compassion, mercy, pity

praeficio, praeficere, praefeci, praefectum to put (someone) in charge

venia, veniae *f* pardon

PHILIPPICAE ET PHILIPPI

Motto: Bellaque matribus detestata

Quidam senatores coniurati Caesarem necaverunt, et ei, a senatoribus ceteris deserti, in Capitolium se receperunt. Cicero ad eos venit, et eo auctore Antonius rem publicam restituere iussus est. Antonius senatum convocavit, et senatus acta Caesaris confirmavit. Antonius apud funus Caesaris populum contra coniuratos incitavit, et ei pro vita fugerunt. Antonius tunc potestatem sibi sub praetextu testamenti Caesaris carpsit. Gaius Iulius Caesar Octavianus, filius adoptatus et heres Caesaris, qui Apolloniae Caesarem exspectabat, Romam venit. Ciceronem et senatum sibi conciliavit, et Cicero orationes splendidas et acres contra Antonium habuit. Eae orationes "Philippicae" ab orationibus quas Demosthenes contra Philippum Macedonicum habuerat nominatae sunt. Antonius hostis nominatus est. Senatus Octaviano consulatum dare recusavit, et mox Octavianus et Antonius et Lepidus in triumviratu secundo se iunxerunt. Terrorem et caedem effecerunt, et Cicero inter multos alios necatus est. Antonius et Octavianus necatores Caesaris, quorum duces Marcus Brutus et Gaius Longinus Cassius erant, in Graeciam secuti sunt, et ad Philippos Antonius et Octavianus cum legionibus Caesaris victores erant. Octavianus et Antonius imperium Romanum inter se diviserunt. Multae dissensiones et consensiones inter eos erant. Deinde Antonius cum Cleopatra regina Aegypti orientem in potestatem suam redegit. Octavianus consul Romae bene res gessit et mox bellum contra Antonium et Cleopatram coepit. Apud Actium copiae Antonii et Cleopatrae ab Octaviano victae sunt, et Antonius et Cleopatra in Aegyptum fugerunt et ibi mortui sunt. Aegyptus provincia Romana facta est, et Octavianus dominus orbis terrarum Romam rediit. Res publica periit.

Quaestiones:

1. *In the first uproar after Caesar's death, what did Antony do?*
2. *How did he then show what he really had in mind?*
3. *Who was Caesar's true heir and what did he do?*
4. *What part did Cicero play in the discomfiture of Antony?*
5. *What did the Second Triumvirate do first?*
6. *What happened at Phillipi?*
7. *What events led up to Actium and the destruction of Antony?*

VOCABULARY FOR READING XXVIII

auctor, auctoris *m* originator, authority

concilio 1 to win over; to acquire

consensio, consensionis *f* agreement, plot

dissensio, dissensionis *f* conflict, disagreement

funus, funeris *n* funeral, burial

praetextus, praetextus *m* pretense; pretext; manufactured reason

FINIS REI PUBLICAE

Motto: Moribus antiquis res stat Romana virisque.

Post mortes Antonii et Cleopatrae, Octavianus Romam defagitatam rediit. Centum anni civilis belli multas familias magnas, oppida pulchra, agros fecundos, exstinxerant. Latrones in viis, piratae in maribus erant; leges potestatem minimam habuerunt. Fides et mores antiqui validi non erant. Graecia et Aegyptus et Italia spoliatae erant. Plurimi milites fortes et multi senatores sapientes mortui sunt. Vigor et cupiditas libertatis Romanorum tenua erant; desiderium stabilitatis magnum erat.

Modis multis Octavianus tarde et sapienter agebat; superbiam nulli exhibuit. Is omnibus nuntiavit se epistulas et instrumenta Antonii sine legendo incendisse; nemo eum ob amicitiam Antonii timere debuit. Memor fortunae Julii Caesaris, dictaturam recusavit; senatui potestatem rei publicae gerendae dedit; tantummodo iussit omnes ordines officia facere. Cum aliis senatoribus Octavianus sedit et suffragium tulit. Exercitum suum, autem, retinuit, et milites ipsi soli fideles erant. Magistratus creati sunt; omnes, autem, ab Octaviano probati sunt. Anno post mortem Antonii, Octavianus et Marcus Agrippa consules creati sunt, et mox Agrippa Octavianum "Principem senatus" nominavit. Anno septingentesimo vicesimo sexto ab urbe condita Idibus Januariis Augustus orationem apud senatum habuit. Dixit se pacem et auctoritatem restituisse. Se onus deponere cupere dixit. Senatus una voce dixit, "Retine potestatem." Mox senatus eum Augustum nominavit. Imperium Romanum natum est.

Quaestiones:

1. *When Octavian returned as sole victor to Rome, in what state did he find her?*
2. *How did he handle possible enemies?*
3. *What power did he give the Senate?*
4. *What did he reserve for himself?*
5. *What did he do about the army?*
6. *What title did Agrippa arrange for him to receive?*
7. *What did he ask of the Senate and how did it reply?*

VOCABULARY FOR READING XXIX

defagito 1 to exhaust

fecundus -a -um fertile, fruitful

Imperium Romanum *n* Roman Empire

latro, latronis *m* robber

onus, oneris *n* burden

probo 1 to approve

restituo, restituere, restitui, restitutum to restore

suffragium, suffragii (i) *n* vote

suffragium ferre to cast one's vote

tenuis, tenuis, tenue slight

vigor, vigoris *m* liveliness, strength, vigor

PRINCIPATUS INCEPIT

Motto: Salus populi suprema lex esto

Reformationes Augusti pacem et stabilitatem imperio ferebant; Augustus fundamenta vitae Romanae quoque restituere temptavit. Auxilio Gaii Maecenatis scriptores et sapientes et aedificatores optimos congessit. Per litteras et architecturam et spectacula et leges et exempla mores maiorum extollebat. Augustus Lepido Pontifex Maximus successit et ritus antiquos celebravit. Populus, bello et dolore defessus, reformationes complexus est.

Domus Augusti in Monte Palatino parva erat; vestes eius simplices erant. Is et familia eius caeremonias et ritus observaverunt. In senatu et curiis institutiones rei publicae conservavit; in vita cotidiana mores antiquos observavit. Orbis terrarum tranquillus erat, et felicitas ex cineribus belli civilis orta est.

Provinciae Romanae nunc in duo genera divisae sunt; provinciae quietae a senatu, aliae a principe rectae sunt. Itaque exercitus in potestate Augusti mansit. Bellum cum Germanis et nationibus orientialibus procul a Roma gestum est, et minae contra pacem imperii non graves erant. Annos quadraginta Augustus rem publicam auxilio senatus et populi administravit. Dominus erat, sed semper consilium aliorum audivit. Iustitia, magnanimitas, patientia, modestia, etiam facetiae propria eius erant—saturas in eum risit. Ab multis variis gentibus quae nunc salvae vivebant amatus est. Per Asiam Minorem et provincias orientales iter fecit et se deum considerari invenit. Non gratum ei erat, sed non mutare poterat nationes orientales, quae reges deos diu consideraverant. Familia Augusti dolores multos ei attulit, et iuvenes quos sibi successuros esse speravit mortui sunt. Sensit se moriturum esse, et senatum et populum, qui fortitudinem antiquam non obtinuerunt, non ducere posse. Moriens princeps se defecisse putavit. Pacem Augusti, quae initium Pacis Romanae erat, effecerat, sed hoc non sensit.

Quaestiones:

1. *After chaos had been restrained, what did Augustus attempt to restore?*
2. *How did he go about this?*
3. *What kind of personal life did he lead?*
4. *How were the provinces now governed?*
5. *What qualities of character did Augustus show?*
6. *What shock did he receive in the Eastern provinces?*
7. *What disappointments did he have?*

VOCABULARY FOR READING XXX

architectura -ae *f* architecture

cinis, cineris *m* ashes, ruin, death

extollo, extollere – to hold up, to lift up; to exalt

facetiae, facetiarum *fpl* humor, clever talk

felicitas, felicitatis *f* prosperity, fertility, happiness

fundamentum -i *n* foundation

magnanimitas, magnanimitatis *f* nobility of soul or purpose, high ideals

satura -ae *f* satirical poem, medley of prose and poetry

PAX ROMANA

Motto: Prima inter urbes, divum domus, aurea Roma

Ei quos Augustus heredes facere cupiverat mortui sunt. Tiberius erat filius Liviae, uxoris Augusti, et mariti primi eius, Tiberii Claudii Neronis. Dux magnus quoque in exercitu erat, sed Augustus invite eum heredem nominavit. Primo Tiberius iuste imperium gessit, sed artem hominum delectandorum non habuit, et itaque numquam amatus est. Annis extremis is insanus esse dictus est. Imperatores post eum brevi vita et mala fortuna erant. Augustus et Tiberius et alii, autem, adminstrationem Italiae et provinciarum optime instituerunt. Magna ex parte vulgus bene vivebat. Viae Romanae clarissimae multas terras inter se iungebant; exercitus Romanus pacem custodivit. Mercatores et philosophi et magistri et homines omnis generis incolumes ad terras remotas itinera tranquilla fecerunt. Aquaeductus, amphitheatra, templa, aedificia publica quae etiam hodie stant in omnibus partibus imperii Romani aedificata sunt. Opes Romam affluxerunt. Augustus se Romam latericiam invenisse et Romam marmoream reliquisse dixerat, et imperatores post eum urbem splendidiorem in dies fecerunt. Signum potestatis et pacis, Roma gloriosa oculos mundi in se convertit. Libertas carissima et pulcherrima fuerat, sed saepissime proelium et dolorem attulerat. Multae gentes orbis terrarum nunc onus regnandi Romae tradiderunt. Interdum seditiones eruperunt, sed breves erant. Pax Romana, tempus longissimum pacis in memoria hominum, semper in mentibus hominum habebitur et semper desiderabitur. Multae nationes in multis saeculis frustra Pacem Romanam restituere temptaverunt.

Quaestiones:

1. *How did Augustus come to choose Tiberius as heir?*
2. *With the exception of the first years of Tiberius, what were the next few Emperors like?*
3. *How did the Empire fare in spite of the Emperors?*
4. *Why were a great many people willing to live under the Romans?*
5. *How did the city change as her years of Empire passed?*
6. *What place in history does the Pax Romana occupy?*

VOCABULARY FOR READING XXXI

custodio, custodire, custodivi, custoditum to protect, watch over, defend

erumpo, erumpere, erupi, eruptum to break forth, burst out

incolumis, incolumis, incolume unharmed

invite *adv* unwillingly

latericius -a -um made of brick

marmoreus -a -um made of marble

mercator, mercatoris *m* merchant

ops, opis *f* power, help; *(pl)* wealth

vulgus, vulgi *n* the masses, the populace, the common people

QUATTUOR IMPERATORES BONI

Motto: Homo homini deus est si suum officium sciat.

Per fortunam bonam Romae Imperator Nerva, qui senex ad potestatem pervenit, Traianum heredem delegit. Traianus Daciam et partem terrae Parthorum subegit. In bello bonus miles fuerat; imperator bonus quoque erat. Senatui observantiam, populo tutelam, provinciis auxilium dedit. Iustitiam, firmitatem, clementiam omnibus exhibuit. Traianus, qui non liberos habuit, Publium Aelium Hadrianum, pupillum suum, adoptavit. Post Traiani mortem Hadrianus Imperator factus est. Bene imperavit et consilia bona Traiani continuavit. Multa itinera per provincias fecit, et provinciales sodales aestimavit. Senatus populusque Romanus, autem, etiam multa beneficia ex opere eius accepit. Successorem Antoninum Pium delegit. Antoninus Pius in Italia mansit, et imperium eius erat frugi et efficax. Eo imperante, Roma natalem nongentesimum celebravit. Amatus est a senatu et populo; in numero deorum post mortem positus est. Templum ei et uxori Faustinae in Foro Romano dedicatum est. Successor Antonino Pio erat Marcus Aurelius, philosophus et imperator. Imperator benignus et sapiens erat, sed imperium eius non beatitatem imperii patris habuit. Nationes Germanorum circum flumen Danuvium Romanos oppugnaverunt et Aurelius, vir pacis, multos annos ibi bellum gerebat. In bello in septentrionibus mortuus est. Commodus, filius malus Aurelii, successor erat, sed post paucos annos per insidias interfectus est. Duo alii imperatores brevi tempore interfecti sunt, et bellum civile iterum Romae erat.

Quaestiones:

1. *What was the best thing Nerva did for Rome?*
2. *What did Trajan show to the various segments of his people?*
3. *How did Emperor Hadrian spend much of his time?*
4. *How did Antoninus Pius differ from Hadrian?*
5. *What was the attitude of all Rome toward Antoninus and how did they show it?*
6. *What was the misfortune of Marcus Aurelius?*
7. *What happened after his death?*

VOCABULARY FOR READING XXXII

beatitas, beatitatis *f* good fortune, happiness

clementia, clementiae *f* compassion, clemency

continuo 1 to extend, continue

efficax, efficacis efficient

frugi *indecl adj* temperate, frugal, honest

natalis, natalis *m* birthday, foundation day

observantia -ae *f* respect, regard

pervenio, pervenire, perveni, perventum to reach, arrive

pupillus -i *m* orphan boy, ward

subigo, subigere, subegi, subactum to subdue

tutela -ae *f* protection, support

SEPTIMIUS SEVERUS ET FINIS PRINCIPATUS

Motto: O faciles dare summa deos eademque tueri difficiles

Roma semper mixtura mira veterum et novorum erat. Romani patroni et clientes semper fuerant; itaque institutum patrocinii perstitit. Senatores, et etiam imperatores, patroni erant. Imperium Romanum ducentos annos ab imperatore et senatu coniunctim rectum est. Imperator consul nominatus est a senatu, et senatus provincias quasdam administravit. Sed exercitus saepe imperatores delegit. Post mortem Commodi, filii Marci Aurelii, tres imperatores in ordine celeriter successerunt; ultimus ex his pecunia Praetorianis data imperium comparavit. Populus Romanus iratus exercitum appellavit; legiones in provinciis tribus faverunt ducibus suis. Lucius Septimius Severus alios vicit; senatui, qui Albino faverat, Imperator Severus potestatem eripuit. Multos senatores necavit. Nunc solus imperator regnavit. Multa bona Romano Imperio fecit, sed etiam saeva fecit. Dicitur paulo ante mortem iussisse filios suos exercitus curare, alios omnes contemnere. Ineunte saeculo tertio Imperi Romani mortuus est.

Saeculum tertium bellicosum et instabile Romae erat. Multos annos multi eventus Romam debilitaverant. Multitudo imminuta populi Romani etiam temporibus Augusti sollicitudini fuerat. Bella aliena et civilia, poena mortis, morbus multos exstinxerant. Instabilitas et bellum egestatem attulerunt, et egestas instabilitatem maiorem attulit. In finibus Imperii Romani barbari semper vi maiore exercitus urgebant, quod alii barbari eos urgebant. Multi imperatores in hoc saeculo paulula durabilia effecit. Tandem anno millesimo tricesimo septimo ab urbe condita Diocletianus imperator factus est.

Quaestiones:

1. *During the Principate what was the division of power?*
2. *What legendary title did the Emperor bear?*
3. *Who actually made Emperors?*
4. *What did Septimus Severus change and how?*
5. *What does legend say he told his sons to do?*
6. *What were some of the problems becoming more obvious in the third century?*
7. *Who became Emperor in Rome's 1037th year?*

VOCABULARY FOR READING XXXIII

bellicosus -a -um warlike, filled with war

coniunctim *adv* jointly

egestas, egestatis *f* want, poverty

faveo, favere, favi, fautum *(+ dat)* be favorable to

ineo, inire, inii (ivi), initum to enter upon

ineunte saeculo at the beginning of the century

imminuo, imminuere, imminui, imminutum to diminish, lessen, weaken

institutum -i *n* custom, arrangement

maior, maius greater *(comparative of* **magnus***)*

mixtura –ae *f* medley, mixture

patrocinium patrocinii (i) *n* patronage

paululus -a -um very little, very few

persto, perstare, perstiti, perstatum to endure, remain, last

DIOCLETIANUS
ET CONSTANTINUS

Motto: In hoc signo vinces

Diocletianus accepit imperium vastum et instabile quia hostes ubique erant. Commilito Maximius Augustus secum iunctus est. Maximius in occidente et Diocletianus in oriente res gesserunt. Sub eis duos Caesares aut successores, Galerium et Constantium, Diocletianus delegit. Quisque in parte sua imperavit, sed Diocletianus caput omnium erat. Ubique Romani vicerunt, sed sumptus bellorum et quattuor capitoliorum ingens erat. Paupertas crevit. Tum, anno decimo potestatis, Diocletianus et Maximius imperium deposuerunt et Galerius et Constantius Augusti facti sunt. Duo Caesares novi, Maximinus et Severus, facti sunt. Mox Constantius in Britannia mortuus est, et legiones eius filium Constantinum Augustum acclamaverunt. Alii potestatem cupiverunt; perturbatio et bellum regnaverunt. Anno millesimo sexagesimo quinto ab urbe condita Constantinus Italiam invasit et Romae contra Maxentium competitorem proelium commisit. Constantinus dicitur vidisse crucem in caelo cum verbis "in hoc signo vinces". Vicit, et proximo anno Edictum Mediolani Christianis favens pronuntiavit. Post alia bella imperium totum Constantinus tenuit. Adminstrationem imperii modis multis reparavit; auctoritatem nonnullam senatoribus reddidit. In situ Byzantii urbem novam Constantinopolem aedificavit; nunc Imperium Romanum aliud capitolium in occidente et aliud in oriente habuit. Bene Constantinus imperavit, sed post eum semper duo Romana Imperia erant. Tribus filiis eius et filiis fratris imperium reliquit, et perturbatio iterum ubique erat.

Quaestiones:

1. *What was Diocletian's solution to the unwieldy size of the Empire?*
2. *How did he hope to avoid wars over succession?*
3. *What unprecedented step did he take in the tenth year of his reign?*
4. *What immediately resulted and who ultimately benefitted?*
5. *What supernatural experience does legend say Constantine had?*
6. *What two changes did he make which seem most significant to us today?*
7. *What happened when he died?*

VOCABULARY FOR READING XXXIV

capitolium, capitolii (i) *n* capitol

commilito, commilitonis *m* army comrade

occidens, occidentis *m* the setting sun; the West

oriens, orientis *m* the rising sun; the East

perturbatio, perturbationis *f* confusion, disorder

reparo 1 revitalize, renew

sumptus, sumptus *m* expense

BARBARI ET CALAMITAS

Motto: summis antiqua in montibus ornus vulneribus paulatim evicta
supremum congemuit traxitque iugis avulsa ruinam

In Asia Minore, in Africa, sed praecipue in Europa, Imperium
Romanum cinctum est a gentibus quae liberos plures et opportuni-
tates pauciores habuerunt. Etiam temporibus Augusti multae earum
fines Imperii Romani oppugnaverunt; sed instabilitas in impera-
toribus et crescens infirmitas exercitus Romani et egestas in terris
finitimis incursiones frequentiores effecerunt. Deinde saeculo quar-
to Imperii Romani natio nominata Huing-su aut Hunni ex media
Asia erupit et gentes in finibus Imperii oppugnavit et in servitutem
redegit. Multi Gothorum in Imperium Romanum fugerunt; nonnulli
imperatorum accepti sunt, sed multi male tractati sunt. In bellis
quae secuta sunt Gothi multum Imperii diripuerunt. Imperatores
optimi, Valentinianus in occidente et Valens in oriente et alii eius-
modi, stabilitatem reddiderunt, sed solum breviter.
Ineunte saeculo quinto Alaricus Gothicus Imperium diripuit et post
decem annos bellorum Romam ipsam spoliavit. Legiones ex
Britannia Romam revocatae sunt, et multae provinciae se curare
relictae sunt. Sed nihil a legionibus revocatis vere mutatum est.
Iterum et iterum Gothi Romam superaverunt, et anno millesimo
ducentesimo vicesimo nono ab urbe condita ultimus imperator,
Romulus Augustulus, regno depulsus est. Odoacer Gothicus senatum convocavit, et per eum Zenoni Imperatori Orientis totum
imperium obtulit. Odoacer se patricium et rectorem Italiae esse
cupere dixit. Zeno hoc accepit, et Romanum Imperium Occidentis
finitum est.

Quaestiones:

1. *How did the Roman Empire's neighbors differ from her?*
2. *What gradual troubles for Rome built up over the centuries?*
3. *What major happening outside the Empire brought a disaster?*
4. *Who staved off final destruction for a while?*
5. *What unthinkable event happened early in the fifth century?*
6. *Who was the last Roman Emperor in the West?*
7. *How did Odoacer show his shrewd political ability?*

VOCABULARY FOR READING XXXV

cingo, cingere, cinxi, cinctum to surround

depello, depellere, depuli, depulsum to drive out, drive away

diripio, diripere, diripui, direptum to loot, lay waste, pillage

infirmitas, infirmitatis *f* weakness

patricius -a -um *adj & m* patrician, of aristocratic or patrician status

servitus, servitutis *f* slavery

ROMA ET MUNDUS

Motto: Urbs Aeterna

Nationes mundi Romanum Imperium mori esse posse non crediderunt. Multi homines in multis terris Romanos se vocaverunt. Constantinopoli mille annos post casum Romae Romanus Imperator Orientis regnavit. Sed stabilitas et praesidium Romae nihil nisi memoriae erant. Semper homines Pacem Romanam in memoria tenuerunt et cupiverunt. Sed dona diuturna Romanorum mundi erant multa. Disciplina, legibus, bona administratione Roma res gestas Graecorum, Aegyptiorum, et aliarum nationum antiquarum nobis conservavit. Roma pontes multos aedificavit, sed maximus pontum Romanorum est ille trans quem pars antiquitatis ad nos venit. Hodie mille modis, ab architectura ad linguas, dona Romanorum habemus. Linguis, institutis, legibus mundi Roma vivit. Urbs aeterna nos cingit.

Quaestiones:

1. *What did the people of the world believe Rome could never do?*
2. *What happened in the Eastern Roman Empire?*
3. *What was lost forever?*
4. *What are men always trying to revive?*
5. *What did Rome act as a bridge for?*
6. *Why has she never died?*

VOCABULARY FOR READING XXXVI

diuturnus -a -um lasting

mundus -i *m* the world, the earth, the universe

praesidium, praesidii (i) *n* protection

VOCABULARY FOR LECTIONES
DE HISTORIA ROMANA

(The definitions given below are general ones suitable for this text. Of course there are many connotations and uses for each word.)

List of Abbreviations

abl	ablative
acc	accusative
adj	adjective
adv	adverb
conj	conjunction
dat	dative
def	defective
dep	deponent
f	feminine
fpl	feminine plural
gen	genitive
indecl	indeclinable
infin	infinitive
interj	interjection
intr	intransitive
leg	legal
lit	literally
m	masculine
mil	military
mpl	masculine plural
n	neuter
npl	neuter plural
prep	preposition
pron	pronoun
semi-dep	semideponent
sing	singular
1	first declension regular principal part endings **o, are, avi, atum**

A

a, ab *prep (+ abl)* by, with, from, (named) after
abduco, abducere, abduxi, abductum to lead away, take away
absum, abesse, afui, afuturum to be away, be absent
abutor, abuti, abusus sum *dep (+ abl)* to misuse, abuse
accedo, accedere, accessi, accessum to approach; (**+ ad** + *acc*) to come up to, approach
accipio, accipere, accepi, acceptum to take, receive, accept
acer, acris, acre sharp, pointed, biting
Achaia -ae *f* Achaia (*province in Greece)*
ad *prep* (+ acc) to, toward; near, at
addo, addere, addidi, additum to add, to insert
adduco, adducere, adduxi, adductum to lead to, to influence; to induce
adeo, adire, adii, aditum to approach
adhuc *adv* as yet, up to this point
administro 1 to administer, direct
adsum, adesse, adfui, adfuturum to be near, present
advenio, advenire, adveni, adventum to arrive, draw near
adversum *prep (+ acc)* against
adversus -a -um facing, opposite
aedifico 1 to build
aeger, aegra, aegrum sick
Aequi, Aequorum *mpl* the Aequi *(a people of central Italy)*
aestas, aestatis *f* summer
affero, afferre, attuli, allatum to bring, convey
affluo, affluere, affluxi --- to flow toward
ager, agri *m* arable land, tilled field
agere causam to plead a case
ago, agere, egi, actum to act, live, spend; *(intr)* to deal
agricola -ae *m* farmer
alienus –a –um foreign, strange
alius, alia, aliud other
alo, alere, alui, alitum to feed, nourish
altus -a -um high, deep
ambo, ambae, ambo both
ambulo 1 to walk, travel
amicitia, amicitiae *f* friendship
amicus -a -um friendly; *m* friend
amita, amitae *f* aunt *(father's sister)*
amitto, amittere, amisi, amissum to lose, let slip
amo 1 to love
amor, amoris *m* love
animal, animalis *n* animal, living creature

annus -i *m* year

ante *prep (+ acc)* before, in front of; *adv* before, previously

antequam *conj* before

antiquus, antiqua, antiquum ancient, old-fashioned, venerable

Apenninus –a –um Apennine; *m* Apennine Mountains

appropinquo 1 to approach; (+ *dat* or **ad**) to come near

apud *prep (+ acc)* at, by, near, among

aqua -ae *f* water

arbiter, arbitri *m* judge, spectator

arbor, arboris *f* tree

architectura, architecturae *f* architecture

ardor, ardoris *m* eagerness, heat, flame, passion

arma, armorum *npl* weapons, arms

armilla -ae *f* bracelet

aro 1 to plow

ars, artis *f* skill, craft

arx, arcis *f* citadel, fortress

ascendo, ascendere, ascendi, ascensum to climb

atrium, atrii (i) *n* atrium *(main room of Roman house)*; front hall

auctoritas, auctoritatis *f* power, significance, authority

audax, audacis bold, daring

audeo, audere, ausus sum *semi-dep* to dare, risk

audio, audire, audivi, auditum to hear, listen; to be within hearing

augeo, augere, auxi, auctum to enlarge, increase

augurium, augurii (i) *n* augury *(observation of signs and omens)*

aureus, aurea, aureum golden, made of gold

aurum -i *n* gold

aut *conj* or; **aut . . . aut** either ... or

autem *conj* however *(follows emphatic word)*

auxilium, auxilii (i) *n* help, aid

avarus -a -um greedy

B

barbarus -a -um foreign, barbarous

beatitas, beatitatis *f* good fortune, happiness

beatus -a -um happy, blessed

bellicosus -a -um warlike, filled with war

bellum -i *n* war

bene *adv* well

benignitas, benignitatis *f* kindness, generosity

benignus -a -um kind, considerate

bibo bibere bibi — to drink

bis *adv* twice

bonus -a -um good

bracchium, bracchii (i) *n* arm
brevis, brevis, breve short, brief
Britannus -a -um British
Brundisium, Brundisii (i) *n* Brindisi *(a harbor in southeastern Italy)*

C

cado, cadere, cecidi, casum to fall, be slain
caecus -a -um blind
caedes, caedis *f* slaughter, massacre
caedo, caedere, cecidi, caesum to cut; to beat; to kill
caelum -i *n* sky
campus -i *m* open field
candidatus -i *m* candidate *(so called from the gleaming white togas candidates wore)*; one clothed in white
canis, canis *mf* dog
Cannae, -arum *fpl* Cannae *(a town in southern Italy)*
canto 1 sing
capio, capere, cepi, captum to take, grasp, occupy
capitis damnare to condemn to death
capitolium, capitolii (i) *n* capitol
capto 1 take unfairly, capture
caput, capitis *n* head
carcer, carceris *m* prison
carmen, carminis *n* song
carpo, carpere, carpsi, carptum to pluck out or away; to seize
carus -a -um dear; expensive
casa -ae *f* house; cottage
castellum, castelli *n* fort
castra -orum *npl* camp
causa -ae *f* reason, motive, cause
cautus -a -um careful, cautious
cedo, cedere, cessi, cessum to yield; to move; to retreat
celer, celeris, celere swift, quick
celeriter *adv* swiftly
celo 1 to hide
cena -ae *f* dinner
ceno 1 to dine
centum *indecl adj* one hundred
ceteri -ae -a the other, the rest of; *pron* the others, the rest
cibus -i *m* food
cingo, cingere, cinxi, cinctum to surround
cinis, cineris *m* ashes; ruin; death
circum *prep (+ acc)* around; *adv* about, all around
circumdo, circumdare, circumdedi, circumdatum to surround

civilis, civilis, civile civic, legal
civis, civis *mf* citizen
civitas, civititatis *f* state, city, citizenship
clades, cladis *f* disaster
clamo 1 to shout
clamor, clamoris *m* a shout
clarus -a -um clear, bright; famous
classis, classis *f* fleet
claudo, claudere, clausi, clausum to close
clementia, clementiae *f* compassion, clemency
cliens, clientis *m* client *(ex-slave or commoner protected by a patrician patronus)*; dependent
cognatus -i *m* blood relative
cognosco, cognoscere, cognovi, cognitum to learn, become acquainted with
cogo, cogere, coegi, coactum to collect, compel
cohors, cohortis *f* retinue, cohort *(military division of a legion consisting of 400 to 500 men)*
colligo 1 to tie together
colligo, colligere, collegi, collectum to gather, attain, acquire
collis, collis *m* hill
colo, colere, colui, cultum to till; to guard; to revere
colonus -i *m* colonist, settler
comes, comitis *mf* companion
comitia -orum *npl* popular assembly; elections
comitialis, comitialis, comitiale pertaining to the assembly, of the assembly
commilito, commilitonis *m* army comrade
committo, committere, commisi, commissum to commence, begin; *(mil)* engage in battle
comparo 1 to prepare; to purchase; to devise
complector, complecti, complexus sum *dep* to embrace
complures, complures, complura (ia) several, a number of
concilio 1 to win over; to acquire
concilium, concilii (i) *n* assembly, association of companions
condo, condere, condidi, conditum to found, establish
conicio, conicere, conieci, coniectum to hurl, cast, throw
coniunctim *adv* jointly
coniunctio, coniunctionis *f* connection
coniunx, coniugis *mf* spouse
coniuratus -i *m* conspirator *(one bound by an oath)*
conor, conari, conatus sum *dep* to try
consensio, consensionis *f* agreement, plan
consentio, consentire, consensi, consensum to agree on
conservo 1 to preserve, maintain

consilium, consilii (i) *n* plan; advice; council, council of war
consobrinus -i *m* first cousin
conspicio, conspicere, conspexi, conspectum to observe, watch carefully
constituo, constituere, constitui, constitutum to arrange, set up, establish
consul, consulis *m* consul *(one of the two highest magistrates of Roman Republic)*
contemno, contemnere, contempsi, contemptum to look down on, despise
contendo, contendere, contendi, contentum to stretch, to assert, to struggle
continuo 1 to extend, continue
continuus -a -um successive
contra *prep (+ acc)* opposite; against
convenio, convenire, conveni, conventum to meet, come together
conventus, conventus *m* meeting, assembly
converto, convertere, converti, conversum to turn, direct
copiae, copiarum *fpl* troops
corpus, corporis *n* body
corrigo, corrigere, correxi, correctum to reform, correct
cothurnus, -i *m* hunting boot
cotidianus -a -um daily
cras *adv* tomorrow
credo, credere, credidi, creditum *(+ dat)* to believe, trust; to entrust to
creo 1 to elect, appoint, produce, create
cresco, crescere, crevi, cretum to grow, increase
crimen, criminis *n* charge, indictment
crudelis, crudelis, crudele cruel
crux, crucis *f* cross
culpa -ae *f* blame, fault
culpo 1 to blame, reproach
cum *prep (+ abl)* with; *conj* when, since, although
cupio, cupere, cupivi, cupitum to wish, desire
cur *adv* why
cura -ae *f* care, concern
curo 1 to take care of, look after
curia, curiae *f* ward; *(one of the thirty groups into which Romulus divided the Romans)*
curro, currere, cucurri, cursum to run
cursus, cursus *m* course *(for running);* track
cursus honorum *m* offices in a Roman political career
custodio, custodire, custodivi, custoditum to protect, watch over, guard, defend
custos, custodis *m* guardian

D

Dacia –ae *f* land on the lower Danube *(roughly modern Romania)*
damno 1 condemn; *(+ gen of penalty)* to find guilty of
de *prep (+ abl)* down from; out of
dea, deae *f* goddess
decem ten
decemvir, -i *m* decemvir *(one of the ten men chosen to write the law of the Twelve Tables)*
deditio, deditionis *f* surrender
defagito 1 to exhaust
defendo, defendere, defendi, defensum defend
defero, deferre, detuli, delatum to bring down
deficio, deficere, defeci, defectum to fail; to abandon
deglubo, deglubere — to skin, flay
deinde *adv* from there, then
delecto 1 to delight, amuse
deleo, delere, delevi, deletum to destroy
deligo, deligere, delegi, delectum to choose
depello, depellere, depuli, depulsum to drive out, drive away
depono, deponere, deposui, depositum to put down, put aside
descendo, descendere, descendi, descensum to climb down
desero, deserere, deserui, desertum to abandon, desert
desidero 1 to long for, miss
deus, dei *m* god
dexter, dextra, dextrum right, on the right hand, lucky, dexterous
dico, dicere, dixi, dictum to say, speak, tell
dies, diei *m* day
dies festus *m* holiday
difficilis, difficilis, difficile hard, difficult
diffido, diffidere, diffusus sum *semi-dep (+ dat)* to distrust
diffusus -a -um extensive
dignitas, dignitatis *f* distinction, worth; office, position
dignus -a -um worthy, deserving
dimitto, dimittere, dimisi, dimissum to send away; to divorce *(a wife)*
diripio, diripere, diripui, direptum to loot, lay waste, pillage
discedo, discedere, discessi, discessum to depart
disciplina -ae *f* training, education
discipulus -i *m* student
disco, discere, didici — to learn
discordia -ae *f* dissension, disagreement, trouble
discrimen, discriminis *n* critical moment, turning point
dissensio, dissensionis *f* conflict, disagreement
dissentio, dissentire, dissensi, dissensum to disagree, be in conflict

distributio, distributionis *f* division, distribution
diu *adv* long, for a long time
diutine *adv* for a long time
diuturnus -a -um lasting
dives, divitis rich
divitiae, divitiarum *fpl* riches
do, dare, dedi, datum to give
doceo, docere, docui, doctum to teach
doctor, doctoris *m* teacher
doleo, dolere, dolui, dolitum to hurt
dominatio, dominationis *f* mastery, tyranny
domina -ae *f* mistress, chief power; lady of the house
dominus -i *m* owner, master
domus, domus *f* home, house
donum -i *n* gift
dormio, dormire, dormivi, dormitum to sleep
duco, ducere, duxi, ductum to lead
dulcis, dulcis, dulce sweet
dum *adv* while, as long as, up to now, yet
duo, duae, duo two
durabilis, durabilis, durabile lasting, durable
durus -a -um hard, rough, hardy
dux, ducis *m* leader

E

e, ex *prep (+ abl)* out of, from, according to
ecce *interj* look! behold!
edo, edere (esse), edi, esum to eat, consume
educo 1 to bring up, rear, raise
efficax, efficacis efficient
efficio, efficere, effeci, effectum to carry out, bring about, cause
effugio, effugere, effugi — to escape
egeo, egere, egui — to be needy; *(+ gen)* to need; to want; to miss
egestas, egestatis *f* want, poverty
ego *pron* I
egredior, egredi, egressus sum *dep* to go out, beyond
egregie *adv* excellently
emendo 1 to correct, reform
emo, emere, emi, emptum to buy
enim *conj* for *(generally not first word)*
eo *adv* there, to that place
eo, ire, ii (ivi), itum to go
Epirus -i *m* Epirus *(a section of northwestern Greece)*
epistola -ae *f* epistle, letter

eques, equitis *m* horseman; knight *(member of the business class of Roman society)*
equites, equitum *mpl* cavalry; business class
equus, equi *m* horse
erro 1 to wander
erumpo, erumpere, erupi, eruptum to break forth, burst out
escaria, escariorum *npl* eating vessels, dishes
et *conj* and
et . . . et both . . . and
etiam *adv* also, besides
Etruria, Etruriae *f* Etruria *(district north of Rome)*
evenio, evenire, eveni, eventum to happen, come to pass
ex, e *prep (+ abl)* out of; from
exeo, exire, exii (ivi), exitum to go out
exerceo, exercere, exercui, exercitum to train, exercise
exercitus, exercitus *m* army
exhaurio, exhaurire, exhausi, exhaustum to drain dry; to exhaust
exhibeo, exhibere, exhibui, exhibitum to cause, produce
exigo, exigere, exegi, exactum to demand, collect; to drive out
expono, exponere, exposui, expositum to reveal
expulsio, expulsionis *f* expulsion
exspecto 1 to await
exstinguo, exstinguere, exstinxi, exstinctum to destroy, put out
extollo, extollere — to hold up, to lift up
extra *prep (+ acc)* outside

F

fabula -ae *f* story, fable
facetiae, facetiarum *fpl* humor, clever talk
facilis, facilis, facile easy
facio, facere, feci, factum to do, make
factio, factionis *f* division, party, group
facultas, facultatis *f* ability, capacity, skill
fama -ae *f* rumor, report
fames, famis *f* hunger
familia familiae *f* family, household *(including slaves)*
familiaris, familiaris *m* servant, dependent, close friend
faveo, favere, favi, fautum *(+ dat)* be favorable to
fecundus -a -um fertile, fruitful
felicitas, felicitatis *f* prosperity, fertility, happiness
felix, felicis lucky, happy, favorable
femina -ae *f* woman
fere *adv* generally
feritas, feritatis *f* savagery, ferocity

fero, ferre, tuli, latum to bear, carry
ferociter *adv* fiercely
ferrum -i *n* iron, sword
ferus -a -um wild, fierce
fessus -a -um weary
festino 1 to perform without delay; to hasten
fidelitas, fidelitatis *f* loyalty
fidem praestare to keep one's word
fides, fidei *f* faith, loyalty
filia, filiae *f* daughter
filius, filii (i) *m* son
finio, finire, finivi, finitum to complete, end, finish
finis, finis *m* end, boundary
finitimus -i *m* neighbor
fio, fieri, factus sum to become, be made, to happen, to take place
firmo 1 to encourage, strengthen, support
flamma -ae *f* flame
fleo, flere, flevi, fletum to weep
flos, floris *m* flower
flumen, fluminis *n* river
foedus, foederis *n* treaty, charter
forte *adv* by chance *(from fors, fortis f)*
fortis, fortis, forte strong, brave
fortiter *adv* bravely
forum -i *n* civic center, forum
frater, fratris *m* brother
frugi *indecl adj* temperate, frugal, honest
frumentum -i *n* grain
frustra *adv* in vain
fuga -ae *f* flight
fugio, fugere, fugi, fugitum to flee, escape
fugo 1 to put to flight
fundamentum, fundamenti *n* foundation
funus, funeris *n* funeral, burial

G

gaudeo, gaudere, gavisus sum *semi-dep* to rejoice
gemma -ae *f* jewel
gener, generi *m* son-in-law
gens, gentis *f* tribe, family, nation
genus, generis *n* kind, race, lineage, descent
gero, gerere, gessi, gestum to bear, wear, carry on
gladius, gladii (i) *m* sword

Gothi, Gothorum *mpl* Goths *(Germanic tribes which eventually moved into the Roman Empire)*
Graecus -a -um Greek
gratus -a -um pleasing, grateful
gravis, gravis, grave heavy, serious
grex, gregis *m* crowd, herd, mob
gula -ae *f* throat

H

habeo, habere, habui, habitum to have, hold; to give *(a speech)*
habito 1 to dwell in, inhabit; *(intr)* to live
hasta -ae *f* spear
haud *adv* by no means, hardly *(a very emphatic negative)*
herba -ae *f* plant, grass
heres, heredis *m* heir
heri *adv* yesterday
hic *adv* here
hic, haec, hoc *pron* this *(man, woman, thing)*
hiems, hiemis *f* winter
historia, historiae *f* history, story
hodie *adv* today
homo, hominis *m* human being, person; man
honestas, honestatis *f* honor, integrity, sense of honor
honestus -a -um honorable, decent
honor, honoris *m* office, honor
hortor, hortari, hortatus sum *dep* to encourage, exhort
hortus -i *m* garden
hospes, hospitis *m* guest; host
hospitium, hospitii (i) *n* lodgings, guest quarters
hostis, hostis *m* national enemy, public enemy
huiusmodi of this kind, this kind of

I

iaceo, iacere, iacui, iacitum to lie down, recline
iacio, iacere, ieci, iactum to throw, hurl
iam *adv* now, already
ibi *adv* there
idem, eadem, idem the same
igitur *adv* therefore
ignis, ignis *m* fire
ignotus -a -um unknown, unfamiliar
ille, illa, illud *pron* that *(man, woman, thing)*
Illyria -ae *f* Illyria *(land on the east coast of the Adriatic Sea)*

imminuo, imminuere, imminui, imminutum to diminish, lessen, weaken

imperitus -a -um unskilled, inexperienced; (+ *gen*) unskilled in

imperium, imperii (i) *n* supreme administrative power, dominion; realm, empire; **imperio addere** to annex

impero 1 *(+ dat)* to rule over

impetus, impetus *m* attack

in *prep (+ abl)* in, on; *(+ acc)* into, onto

inaro 1 to plow under

incendo, incendere, incendi, incensum to set on fire, light

incipio, incipere, incepi, inceptum to begin

incito 1 to arouse, stir up

incola, -ae *mf* inhabitant

incolumis, incolumis, incolume unharmed

incursio, incursionis *f* raid, invasion

inde *adv* after that, then

ineo, inire, inii (ivi), initum to enter

ineunte anno at the beginning of the year

inermis, inermis, inerme unarmed

infirmitas, infirmitatis *f* weakness

infirmus -a -um weak, inconstant, unreliable

infra *prep (+ acc)* south of

ingenium, ingenii (i) *n* natural ability, talent, cleverness

ingens, ingentis huge

ingenuus, ingenua, ingenuum free-born

ingredior, ingredi, ingressus sum *dep* to enter, begin

inimice *adv* in an unfriendly manner

inimicus -a -um unfriendly; *m* personal enemy

iniquitas, iniquitatis *f* inequality, unfairness

inopia, inopiae *f* poverty, need

inquit, inquiunt *def* he says, they say *(used with direct quotations)*

insanitas, insanitatis *f* insanity

insidiae, insidiarum *fpl* ambush, plot, trap

insimulo 1 to charge, accuse

institutum -i *n* custom, arrangement

instrumentum -i *n* outfit, equipment; set, supply; *(leg)* document

instruo, instruere, instruxi, instructum *(mil)*to draw up, deploy; to arrange

insula -ae *f* island

intellego, intellegere, intellexi, intellectum to understand

intemperatus -a -um excessive

inter *prep (+ acc)* between, among

interdum *adv* occasionally, now and then

interea *adv* meanwhile

interficio, interficere, interfeci, interfectum to kill

intro 1 to enter
invenio, invenire, inveni, inventum to find, come upon, discover
invidia, invidiae *f* jealousy, envy
invite *adv* unwillingly
invitus -a -um reluctant, unwilling
ipse, ipsa, ipsum *pron* himself, herself, itself
ira -ae *f* anger
iratus -a -um angry
is, ea, id *pron* he, she, it, this, that
ita *adv* so
itaque *adv* and so, therefore
iter, itineris *n* journey, march; route
iterum *adv* again
iubeo, iubere, iussi, iussum to order
iudex, iudicis *m* judge
iudicarius -a -um judiciary
iugum, iugi *n* yoke; *(mil)* yoke *(a spear laid across two upright spears, under which the conquered enemy had to pass)*
iungo, iungere, iunxi, iunctum to join; se iungere *(+ dat)* to join *(someone or something)*
iunior, iunioris younger
Iuppiter, Iovis *m* Jupiter, chief god of the Romans
iuro 1 to swear
ius, iuris *n* law, legal system, rights
ius provocationis *n* right of appeal
iuvenis, iuvenis, iuvene young; *m* young man
iuvo, iuvare, iuvi, iutum to help

L

labor laboris *m* work
laboro 1 to work
laedo, laedere, laesi, laesum to knock, strike
laetus -a -um glad, happy
langueo, languere — to weaken, grow feeble
largitio, largitionis *f* bribery
latericius -a -um made of brick
Latini -orum *mpl* the Latins *(an ancient people of Latium in central Italy)*
latro latronis *m* robber
latrocinium latrocinii (i) *n* robbery
latus -a -um wide
laudo 1 to praise
legatio, legationis *f* embassy, mission
legatus -i *m* representative, deputy, envoy

legio, legionis *f* legion *(division of the Roman army numbering about 5,000)*
lego 1 to bequeath, will; to delegate
lego, legere, legi, lectum to choose; to read; to gather
lente *adv* slowly
leo, leonis *m* lion
lex, legis *f* law
libenter *adv* gladly, willingly
liber, libera, liberum free
liber, libri *m* book
liberi, liberorum *mpl* children
libero 1 to set free
libertas, libertatis *f* freedom
libra -ae *f* pound
lingua, -ae *f* tongue, language
linquo, linquere, liqui — to leave, leave alone
littera –ae *f* letter *(of the alphabet)*; *fpl* epistle; literary works, literature
litus, litoris *n* seashore
locus, loci *m* *(n in plural)* a place
longus -a -um long
loquor, loqui, locutus sum *dep* to talk
ludo, ludere, lusi, lusum to play
ludus -i *m* game; school
luna -ae *f* moon
lupa -ae *f* wolf
lux, lucis *f* light

M

Maecenas, Maecenatis *m* Gaius Cilnius Maecenas *(adviser to Augustus and patron of Vergil and Horace)*
magister, magistri *m* teacher, master, director
magnanimitas, magnanimitatis *f* nobility of soul or purpose, high ideals
magnopere *adv* greatly
magnus -a -um large, great
maior, maius greater *(comparative of magnus)*
malus -a -um bad
mando 1 to commit, entrust
maneo, manere, mansi, mansum to stay
manumitto, manumittere, manumisi, manumissum to set free
manus, manus *f* hand
Mare Internum, Maris Interni *n* Mediterranean Sea
mare, maris *n* sea
maritus -i *m* husband

marmoreus -a -um made of marble
mater, matris *f* mother
materfamilias, matrisfamilias *f* lady of the house; mistress
matrimonium, matrimonii (i) *n* marriage
metrime *adv* very much; especially
Mediolanum -i *n* Milan
medius, media, medium middle *(of)*
melior, melius *(comparative of* bonus*)* better
memor, memoris (+ *gen*) mindful of
mendacium, mendacii (i) *n* a lie
mens, mentis *f* mind
mensa -ae *f* table
mensis mensis *m* month
mercator, mercatoris *m* merchant
meridies, meridiei *m* midday, the South
metus, metus *m* fear
meus, mea, meum my
miles, militis *m* soldier
militia, militiae *f* military service
mille *indecl adj* one thousand
minae, minarum *fpl* threats
miror, mirari, miratus sum *dep* to wonder
miser, misera, miserum poor, wretched, unhappy
misericordia, misericordiae *f* compassion, mercy, pity
mitto, mittere, misi, missum to send
mixtura –ae *f* medley, mixture
moderatio, moderationis *f* self-control, moderation
modo *adv* only, merely
modus -i *m* manner, way, style; measured amount
moenia, moenium *npl* town walls
molestia, molestiae *f* trouble, annoyance
moneo, monere, monui, monitum to remind, warn
mons, montis *m* mountain, hill
montanus -i *m* mountaineer
mora -ae *f* delay
morbus -i *m* disease
moribundus -a -um dying
morior, mori, mortuus sum *dep* to die
mors, mortis *f* death
mortuus, mortua, mortuum dead
mos, moris *m* custom, usage, rule
moveo, movere, movi, motum to move
mox *adv* soon
mulier, mulieris *f* woman
multitudo, multitudinis *f* great number

multus -a -um much, *(pl)* many
mundus -i *m* world, universe
municipium, municipii (i) *n* free town, autonomous town *(town whose citizens had special rights under Roman rule)*
munitor, munitoris *m* builder
murus -i *m* wall
muto 1 change

N

nam *conj* for
narro 1 tell, relate
nascor, nasci, natus sum *dep* be born
natalis, natalis *m* birthday, foundation day
natura -ae *f* nature, substance
natus -a -um born; viginti annos natus twenty years old
naufragium, naufragii (i) *n* shipwreck, shattered remains
nauta -ae *m* sailor
navigo 1 sail
navis, navis *f* ship
-ne *(enclitic attached to the first word in a sentence to indicate a question)*
ne *conj* so that not, lest
ne . . . quidem *(emphatic negative)* not even
nec/neque *adv* not, nor; **nec . . . nec** neither ... nor
neco 1 kill
nego 1 to deny; to refuse
nemo, neminis *m* no one
nepos, nepotis *m* grandson; descendant
nescio, nescire, nescii (ivi), nescitum to be ignorant of, not know
niger, nigra, nigrum black
nihil *indecl pron* nothing
nimius, nimia, nimium excessive, too great, extraordinary
nobilis, nobilis, nobile aristocratic, of high birth, known, remarkable,
noceo, nocere, nocui, nocitum *(+ dat)* to do harm to, injure
nolo, nolle, nolui to be unwilling to; noli *(+ infin)* don't
nomen, nominis *n* name
nomino 1 to name; to nominate *(for office)*
non *adv* not
nondum *adv* not yet
non iam *adv* no longer
nonne? *adv (expecting a positive answer)* isn't it? aren't they?
nonnullus -a –um some
nonnumquam *adv,* sometimes; *(lit)* not never
nos *pron* we, us

noster, nostra, nostrum our
notus -a -um known, well-known
novem nine
novus -a -um new
nox noctis *f* night
nullus -a -um no; non-existent; *pron* none
num? *adv (expecting negative answer, e.g., it isn't, is it?)*
numerus -i *m* number
numquam (nunquam) *adv* never
nunc *adv* now
nuntio 1 to announce, report
nuntius, nuntii (i) *m* messenger
nuper *adv* recently

O

observantia -ae *f* respect, regard
obses, obsidis *mf* hostage
obsideo, obsidere, obsedi, obsessum to blockade, besiege
obtineo, obtinere, obtenui, obtentum to persist in; to hold on to; to maintain
occidens, occidentis *m* the setting sun; the West
occido, occidere, occidi, occisum to kill, knock down
occupo 1 to seize, occupy
octavus -a -um eighth
octo eight
oculus -i *m* eye
offendo, offendere, offendi, offensum to shock, annoy, disgust
offero, offerre, obtuli, oblatum to bring about; to offer
officium, officii (i) *n* duty
olim *adv* once, once upon a time
omnis, omnis, omne every, all
onus, oneris *n* burden
oppidum -i *n* town, city
oppono, opponere, opposui, oppositum to object, oppose
opprobrium, opprobii (i) *n* reproach, disgrace
oppugno 1 to attack, storm
ops, opis *f* power, help; *(pl)* wealth
optimus -a –um *(superlative of* **bonus)** the best
opus, operis *n* work
ora, -ae *f* coastline, boundary
orbis, orbis *m* circle
orbis terrarum earth, world *(circle of the lands)*
ordo, ordinis *m* rank, class, order
oriens, orientis *m* the rising sun; the East

orior, oriri, ortus sum *dep* to rise, appear; to start
os, oris *n* mouth
ostendo, ostendere, ostendi, ostentum to display, show
ovis, ovis *f* sheep

P

pactio, pactionis *f* agreement
paene *adv* almost
paeninsula -ae *f* peninsula
parco, parcere, peperci, parsurum *(+ dat)* to spare
parens parentis *m* parent
pareo, parere, parui, paritum *(+ dat)* to obey
paro 1 to prepare, provide
pars, partis *f* part
parvus -a -um small, little
pater, patris *m* father
paterfamilias, patrisfamilias *m* head of the family
patior, pati, passus sum *dep* to suffer, endure
patria, patriae *f* country, fatherland, birthplace
patricius, patricii (i) *m* a patrician (one born to high class)
patrocinium, patrocinii (i) *n* patronage
patronus -i *m* patron, legal protector
patruus, patrui *m* paternal uncle
pauci, paucae, pauca few
paulatim *adv* little by little, gradually
paululus -a -um very little, very few
pauper, pauperis poor *(financially)*, meager
pecunia, pecuniae *f* money
pecus, pecoris *n* head of cattle, herd
pello, pellere, pepuli, pulsum to beat, strike, push
pensio, pensionis *f* payment
per prep *(+ acc)* through, along, during
pereo, perire, perii (ivi), peritum to perish
pergo, pergere, perrexi, perrectum to continue, go straight on
periculum -i *n* danger
peritus -a -um *(+ gen)* skilled in, expert at
persto, perstare, perstiti, perstatum to endure, remain, last
persuadeo, persuadere, persuasi, persuasum *(+ dat)* to persuade,
convince; *(+ dat of person, acc of thing)* to recommend *(something)* to
(someone)
perturbatio, perturbationis *f* confusion, disorder
perturbo 1 to throw into confusion, alarm
pervenio, pervenire, perveni, perventum to reach, arrive
pes, pedis *m* foot

peto, petere, petivi, petitum to seek, ask for; to lay claim to
petitor, petitoris *m* applicant, suppliant
Pharsalia -ae *f* Pharsalia, a district of Thessaly
placeo, placere, placui, placitum *(+ dat)* to please
plebeius, plebeii (i) *m* a plebeian *(one born in the Roman lower class)*
plebs, plebis *f* the common people
plenus -a -um full, satisfied
plus *adv* more
poena -ae *f* punishment, penalty
Poeni -orum *mpl* Phoenicians; Carthaginians
poeta -ae *m* poet
pompa -ae *f* parade, procession
pono, ponere, posui, positum to put, place
pons, pontis *m* bridge
Pontifex Maximus, Pontificis Maximi *m* Pontifex Maximus *(the chief priest of Rome)*
populus -i *m* the people, the nation
porrigo, porrigere, porrexi, porrectum to reach out, stretch out
porta -ae *f* gate
porto 1 to carry
portus, portus *m* harbor
possum posse, potui to be able
posteritas, posteritatis *f* the future, after ages
post *prep (+ acc)* behind, after
postea *adv* afterwards
postquam *conj* after
potens, potentis powerful
potestas, potestatis *f* power
praeda -ae *f* spoils of war, loot
praedator, praedatoris *m* looter, marauder
praeficio, praeficere, praefeci, praefectum *(+ dat)* to put *(someone)* in charge of
praemium, praemii (i) *n* reward
praesidium, praesidii (i) *n* protection
praestans, praestantis outstanding, admirable
praesto, praestare, praestiti, praestitum *(+ fidem)* to keep one's word
praesum, praeesse, praefui, praefuturum *(+ dat)* to preside over, be in charge of
praetextus, praetextus *m* appearance; pretext, manufactured reason
praetorius -a -um praetorian *(pertaining to the chief judicial magistrate)*
praetura -ae *f* praetorship, office of judicial magistrate
pretium, pretii (i) *n* price
primus -a -um first
princeps, principis *m* leader, chief

pro *prep* (+ *abl*) before, in front of
probo 1 to approve
probus -a -um honest, upright, virtuous
procedo, procedere, processi, processum to go forward
proconsul, proconsulis *m* proconsul, governor of a province
proelium, proelii (i) *n* battle
proficiscor, proficisci, profectus sum *dep* to set out, go forth
progenies, progeniei *f* offspring, brood
progredior, progredi, progressus sum *dep* to advance, go forward
prohibeo, prohibere, prohibui, prohibitum to hold back, prevent
promitto, promittere, promisi, promissum to send forth; to promise
pronepos, pronepotis *m* great-grandson
prope *adv* nearby
propono, proponere, proposui, propositum to suggest, propose
proprius –a –um *(one's)* own, personal
propter *prep* (+ *acc*) because of, on account of
proscribo, proscribere, proscripsi, proscriptum to proclaim, publish
in writing
provincia, provinciae *f* province, sphere of adminstration
provoco 1 to stir up, challenge
prudens, prudentis careful, discreet
puella -ae *f* girl
puer, pueri *m* boy
pugno 1 to fight
pulcher, pulchra, pulchrum beautiful, handsome
punio, punire, punivi, punitum to punish
pupillus -i *m* orphan boy, ward
puto 1 to think, to ponder; *(early meaning)* to prune, trim
Pydna -ae *f* Pydna *(a city in Macedonia)*

Q

quadratus -a -um square
quaero, quarere, quaesivi, quaesitum to look for, seek
quam *adv* how, as, than
quamquam *conj* although
quartus -a -um fourth
quasi *adv* as if, as it were
quattuor four
-que *enclitic conj* and
queror, queri, questus sum *dep* to complain
qui, quae, quod who, which, that
quidam, quaedam, quoddam a certain *(person or thing)*
quinque five
quintus -a -um fifth

quis? quid? *pron* who, what?
quoad *conj* as far as
quod *conj* because
quoque *adv* too *(always comes after the word it modifies)*
quot *indecl adj* how many

R

rapa -ae *f* turnip
ratio, rationis *f* method, reasoning, procedure
recipio, recipere, recepi, receptum to get back, recover
recuso 1 to refuse
reddo, reddere, redidi, redditum to give back, restore
redeo redire, redii (ivi), reditum to go back
redigo, redigere, redegi, redactum to reduce, drive back; to force
redimo, redimere, redemi, redemptum to buy back, ransom
reduco, reducere, reduxi, reductum to lead back
regia -ae *f* palace
regina -ae *f* queen
regio, regionis *f* region, section of the country
regnator -oris *m* ruler
rego, regere, rexi, rectum to rule, to guide
relego 1 to send away, banish
relinquo, relinquere, reliqui, relictum to leave behind, abandon
remigatio, remigationis *f* rowing, controlling *(a ship)*
renovo 1 to restore
reparo 1 to renew
res publica, rei publicae *f* state, government, commonwealth
res, rei *f* thing, matter, affair
resisto, resistere, restiti — to oppose *(someone)*, resist *(someone)*
respondeo, respondere, respondi, responsum to answer
restituo, restituere, restitui, restitutum to restore
revenio, revenire, reveni, reventum to return, come back
rex, regis *m* king
rideo, ridere, risi, risum to laugh at, smile upon
ripa -ae *f* riverbank
rivus -i *m* stream, river
rogo 1 to ask, to question
Romanus -a -um Roman
Rubico(n), Rubiconis, *m* the Rubicon *(small stream marking the boundary between Italy and Cisalpine Gaul)*
ruo, ruere, rui, ruitum to throw down, destroy, lay waste; to hurry
rus, ruris *n* the countryside

S

Sabini, Sabinorum *mpl* Sabines *(an ancient people of central Italy)*
sacer, sacra, sacrum sacred, holy
saeculum -i *n* generation, age, century
saepe *adv* often
saevus -a -um savage
sagitta -ae *f* arrow
salus, salutis *f* health, safety
saluto 1 to greet
salve *(imperative used as greeting)* good morning, good day
salvus -a -um safe
Samnium, Samnii (i) *n* Samnium *(a district of central Italy)*
sapiens, sapientis wise
satis *indecl adj* enough
satura -ae *f* satirical poem, medley of prose and poetry
saxum -i *n* rock
scio, scire, scivi, scitum to know
scribo, scribere, scripsi, scriptum to write
scutum -i *n* shield
secundus -a -um second
sed *conj* but
sedeo, sedere, sedi, sessum to sit
seditio, seditionis *f* insurrection
sedo 1 to settle, to calm
semel *adv* once
semper *adv* always
senex, senis aged; *m* old man
septem seven
septentriones, septentrionum *mpl* northern regions, the North *(seven stars near the North Pole belonging to the Great Bear)*
septimus -a -um seventh
sequor, sequi, secutus sum *dep* follow
servitus, servitutis *f* slavery
servo 1 to preserve, protect
servus -i *m* slave
sex six
sextus -a -um sixth
si *conj* if
sic *adv* so, thus, in this way
sicut *conj (in elliptical clauses)* just as, like
signum -i *n* sign, standard
silva -ae *f* forest
similis, similis, simile *(+ gen of persons, dat of things)* similar
simplex, simplicis *simple,* naive, plain

simul ac (atque) *conj* as soon as

simulo 1 to imitate, put on the appearance of

sine *prep (+ abl)* without

singularis, singularis, singulare single, one at a time

sinister, sinistra, sinistrum left; on the left side

sisto, sistere, stiti (steti), statum to stop, to put an end to

societas, societatis *f* alliance

socius, socii (i) *m* ally

sodalis, sodalis *m* partner, companion

sol, solis *m* sun

solium, solii (i) *n* throne

solus -a -um only, single

somnus -i *m* sleep

soror, sororis *f* sister

Spartacus -i *m* Spartacus (Thracian gladiator)

specto 1 to watch

spectaculum -i *n* show

spelunca -ae *f* cave

spero 1 to watch

spina -ae *f* backbone, spine; (*original meaning:* thorn)

splendidus -a -um illustrious; brilliant

spolio 1 to rob, plunder

statim *adv* immediately

sto, stare, steti, statum to stand

stomachus -i *m* stomach

stultus -a -um foolish, stupid

suasor, suasoris *m* adviser

sub *prep (+ abl)* under, beneath; (*+ acc*) beneath

subduco, subducere, subduxi, subductum to take away, steal; to pull up

subigo, subigere, subegi, subactum to subdue

subito *adv* suddenly

suffragator –oris *m* voter

suffragium, ii (i) *n* vote

suffragium ferre to vote

sugillo 1 to insult; to beat black and blue

sui, sibi, se *pron* himself, herself, itself or themselves

sum, esse, fui, futurum to be

summus -a -um the highest

sumptus, sumptus *m* expense

super *prep (+ acc)* over, above

superbia -ae *f* arrogance, pride

superbus -a -um arrogant, haughty, proud

supero 1 to overcome

supersum, superesse, superfui, superfuturum to survive, be left over

supprimo, supprimere, suppressi, suppressum to stop, suppress
surgo, surgere, surrexi, surrectum to rise
suus, sua, suum his, her, its or their own
Syracusae -arum *fpl* Syracuse (capital city of Sicily)

T

tabula -ae *f* writing tablet, board, table, advertisement
talis, talis, tale such, of that kind
tamen *adv* nevertheless, yet
tamtummodo *adv* only
tandem *adv* at last, finally
tantus -a -um so great, so much
tardus -a -um slow, late, reluctant
telum -i *n* weapon, missile
tempestas, tempestatis *f* storm, weather
templum -i *n* temple
tempus, temporis *n* time
teneo, tenere, tenui, tentum to hold, keep
tenuis, tenuis, tenue slight, thin
tero, terere, trivi, tritum to wear down, rub against
terra -ae *f* the earth, land
terreo, terrere, terrui, territum to frighten
tertius, tertia, tertium third
testamentum -i *n* will
theatrum, theatri *n* theater
Thermopylae -arum *fpl* Thermopylae *(a narrow mountain pass in Greece)*
timeo, timere, timui — to fear
timor, timoris *m* fear
tollo, tollere, sustuli, sublatum to lift, raise; to destroy
tondere, tondere, totondi, tonsum to shear, shave, clip
totus -a -um whole, entire
tracto 1 to manage, handle
traditor, traditoris *m* traitor
trado, tradere, tradidi, traditum to hand over, deliver
traho, trahere, traxi, tractum to drag, draw
trans *prep (+ acc)* across
transcendo, transcendere, transcendi, transcensum to climb or step over or across
transeo, transire, transivi, transitum to go across
transmarinus -a -um from beyond the seas, foreign
tres, tria three
tribunus -i (plebis) *m* tribune *(official guarding the interests of plebeians)*
tributum -i *n* tax, tribute

triginta *indecl adj* thirty
tristis, tristis, triste sad
triumphus, triumphi *m* victory parade, victory
tu, tui *pron* you *(sing)*
tum *adv* then
tumultus, tumultus *m* uproar, commotion
turba -ae *f* disturbance, uproar, mob
tutela -ae *f* protection, support
tutor, tutoris *m* guardian
tutus -a -um safe
tuus, tua, tuum your *(sing)*

U

ubi *adv* where, when
ubique *adv* everywhere
ultimus -a -um the last
ultio, ultionis *f* vengeance, revenge
ultra *prep (+ acc)* beyond, on the far side of
unda -ae *f* wave
unicus -a -um sole, singular, one and only
unus -a -um one
urbs, urbis *f* city
urgeo, urgere, ursi to put pressure on *(someone)*; to crowd
ut *conj* that, so that
Utica -ae *f* Utica (a city in Africa northwest of Carthage)
utor, uti, usus sum *dep (+ abl)* to use
uxor, uxoris *f* wife

V

vagus -a -um wandering
validus -a -um strong
vectio, vectionis *f* conveyances, transportation
vendo, vendere, vendidi, venditum to sell
venia, veniae *f* pardon
venio, venire, veni, ventum to come
ventus -i *m* wind
verbum -i *n* word
verto, vertere, verti, versum to turn
verus -a -um true
vester, vestra, vestrum your *(pl)*
vestis, vestis *f* garment
veto, vetere, vetui, vetitum to forbid
vetus, veteris old, aged

via -ae *f* road, way, street
victoria, victoriae *f* victory
victrix, victricis *adj f & n* victorious
video, videre, vidi, visum to see
videor, videri, visus sum *dep* to seem
vigor, vigoris *m* liveliness, strength, vigor
villa -ae *f* farmhouse
vinco, vincere, vici, victum to conquer
vinculum -i *n* chain, bond
vir, viri *m* man , hero
vir civilis *m* politician
Virgo Vestalis, Virginis Vestalis *f* Vestal Virgin *(a maiden priestess of Vesta, goddess of the hearth)*
virtus, virtutis *f* valor, manliness
vis *(dat & abl:* **vi;** *acc:* **vim)** *f* force, violence
vita -ae *f* life
vivus -a -um living
vix *adv* scarcely, hardly
voco 1 call
volo, velle, volui to wish, be willing
Volsci, Volscorum *mpl* Volsci (an ancient people of central Italy)
voluntarius, voluntaria, voluntarium of one's own choosing, voluntary
vos *pron* you *pl*
vox, vocis *f* voice
vulgus, vulgi *n* the masses, the populace, the common people
vulnero 1 to wound, injure
vulnus, vulneris *n* wound, injury

Z

Zama -ae *f* Zama *(a small town in North Africa)*